JN432171

초보자를 위한 독일어

| 이 해 욱 지음 |

부산외국어대학교 출판부

초보자를 위한 독일어

2020년 2월 28일 초판 발행

저　자/ 이해욱
발행인/ 정용각
발행처/ 부산외국어대학교 출판부
등　록/ 제 14-11-15호
주　소/ 46234 부산 금정구 금샘로485번길 65
전　화/ 051) 509-6465, 6448 팩스/ 051) 509-6468
인터넷/ http://press.bufs.ac.kr
편　집/ 주간 · 박영구, 디자인 · 진은혜
인쇄처/ 세종문화사 (051) 463-5898
공급처/ 한국출판협동조합 (02) 716-5616~9
ⓒ Busan University of Foreign Studies(BUFS) Press. 2020

* 저자의 허락없이 발췌 · 표절 · 복사 등을 금함.
* 저자와의 협의에 의해 인지를 생략함.
잘못된 책은 바꾸어 드립니다.

ISBN 978-89-8312-456-2 (93750)
정가 12,000원

이 도서의 국립중앙도서관 출판예정도서목록(CIP)은 서지정보유통지원시스템 홈페이지(http://seoji.nl.go.kr)와 국가자료공동목록시스템(http://www.nl.go.kr/kolisnet)에서 이용하실 수 있습니다.(CIP제어번호 : CIP2020007047)

이 도서는 부산외국어대학교의 연구활동을 진작시키고
출판물의 저작 · 보급을 촉진하기 위해 도서개발연구비가 지원된 도서입니다

머리말

한 가지 직업교육으로 평생을 보장받지 못하는 시대에 살아가고 있는 우리들에게는 스스로 새로운 지식을 습득해 나갈 수 있는 능력을 키우는 것이 무엇보다 중요하다. 단순히 기계적 암기를 위한 반복 연습에 의한 주입식 교육은 학생들의 사고와 지식 산출에 도움이 안 되고 있다. 학습자 자신이 기존의 지식을 바탕으로 새로운 학습내용을 구성해내는 것이 무엇보다 중요하다. 본 교재인 「초보자를 위한 독일어」에서는 학생들이 이와 같은 능력을 배양할 수 있도록 특별히 고려하였다.

「초보자를 위한 독일어」는 창의적인 언어사용 능력을 배양할 수 있는 체계적인 주제 구성과 이를 뒷받침하는 문법 및 다양한 유형의 연습 과제를 도입하였다. 특히 주제는 인물, 사물, 건강, 의식주, 사회생활 등의 내용으로, 일상생활에 사용되는 기본적인 의사소통 표현을 이해하고 상황에 맞게 활용할 수 있는 대화문으로 구성하였다.

「초보자를 위한 독일어」는 모두 13단원으로 구성되어 있다. 첫 단원은 준비단계로서 독일어의 알파벳 체계와 정확한 발음 방법을 학습하도록 하였고, 나머지 단원은 주로 다음과 같이 구성하였다. 본문내용은 대 주제에 따라 A, B, C, D, E의 세부주제로 구분하였다.

A. 어휘와 표현 Wörter und Ausdrücke: 단원의 내용과 관련된 주요 어휘와 기본 표현들을 학습하는 것을 주요 목표로 하였다.
B. 문법 Grammatik: 주제와 관련된 문법사항을 간단하게 정리하여 학생들이 따로 문법책을 찾지 않고도 이해할 수 있도록 하였다.

C. 대화 Dialoge: 대 주제에 따라 2개의 대화문으로 구성하였다. 이어 해당 대화문과 관련된 연습문제를 통해 주제와 관련된 의사소통 기본표현을 학습하도록 하였다. 특히 본문내용의 이해를 확인할 수 있는 문제들로 구성하여 단원 내의 연습문제(Übungen)와 차별화하였다.

D. 연습문제 Übungen: 문법을 이해하였는지를 확인할 수 있는 다양한 연습 유형을 도입하였다.

E. 대화문: 대화문의 번역본으로 혼자서도 학습할 수 있도록 하였다.

아무쪼록 이 책이 독일어를 배우는 학생들에게 독일어에 대한 흥미를 한층 더 높이는 계기가 되기를 기대하며, 본 교재를 통해서 독일어 학습에 큰 성과를 이룰 수 있기를 바란다.

끝으로 교재 출판을 지원해 주신 부산외국어대학교 출판부 및 관계자 여러분들께 깊이 감사드린다.

2020년 2월

저자 이해욱

목 차

LEKTION 1

Alphabet und Aussprache

1. 알파벳 Das Alphabet

A,a	B,b	C,c	D,d	E,e	F,f	G,g	H,h	I,i	J,j
[a]	[be]	[tse]	[de]	[e]	[ef]	[ge]	[ha]	[i]	[jot]
K,k	L,l	M,m	N,n	O,o	P,p	Q,q	R,r	S,s	T,t
[ka]	[el]	[em]	[en]	[o]	[pe]	[ku]	[er]	[es]	[te]
U,u	V,v	W,w	X,x	Y,y	Z,z	Ä,ä	Ö,ö	Ü,ü	ß
[u]	[fau]	[we]	[iks]	[Ypsilon]	[tset]	[a-Umlaut]	[o-Umlaut]	[u-Umlaut]	[es-tset]

2. 발음 Aussprache

1) 모음 Vokale

a	[a:]	Abend, Bahn
	[a]	Mann, danke
e	[e:]	Tee, Weg
	[ɛ]	Bett, Messer
	[ə]	Blume, haben
i	[i:]	Kino, Bibel
	[i]	Winter, immer
o	[o:]	Dose, Sohn
	[ɔ]	kommen, Sonne
u	[u:]	Bruder, Uhr
	[u]	Mutter, Nummer

- 중모음(aa, ee, oo): 중모음은 하나의 모음을 길게 발음한다.

H**aa**r, M**ee**r, Z**oo**

- 모음 + h: h는 묵음.

J**ah**r, n**eh**men, **ih**n, S**oh**n, St**uh**l

2) 변모음 Umlaut

ä	[ɛ:]	Bär, Käse
	[ɛ]	hängen, März
ö	[ø:]	schön, Öl
	[œ]	Löffel, zwölf
ü	[y:]	fühlen, grün
	[y]	fünf, füllen

3) 복모음 Diphtonge

ai, ay	[ai]	Mai, Bayern
ei, ey		Preis, Meyer
au	[au]	Haus, Baum
eu	[ɔy]	neu, Kreuz
äu		Käufer, Bräu
ie	[i:]	spielen, Lied
	[iə]	Familie, Italien

- äu, eu는 [ɔy]로 발음한다. (예외) Mus**eu**m [e:u]
- ie의 발음은 다음과 같다.
  - ie 자체에 강세가 있는 경우는 [i:]로 발음한다. l**ie**gen, v**ie**l
  - ie 바로 앞 음절에 강세가 있는 경우는 [iə]로 발음한다. Famil**ie**, Span**ie**n

4) 자음 Konsonanten

b	[b]	Ball, bitte
	[p]	gelb, Dieb

d	[d]	leider, Dienstag
	[t]	Geld, Hand
f	Foto	
g	[g]	geben, Glas
	[k]	Zug, Tag
h	[h]	hallo, Holz
	[:]	fahren, Kuh
j	Japan, Juni	
k	kaufen, kalt	
l	leben, Land	
m	Mann, warm	
n	Natur, Wand	
p	Pause, kaputt	
q	Quittung, bequem	
r	reden, schreiben	
s	[z] 모음앞	Sonntag, lesen
	[s]자음앞 단어끝	Fenster, Bus
ss, ß	[s]	essen, groß
t	Teller, Leiter	
v	[f]	Vater, Motiv
	[v]	Vase, Klavier
w	Wort, Wohnung	
z	Zeitung, Zimmer	

- s의 발음
  - [s] : 단어의 끝 또는 자음 앞에서
  - [z] : 모음 앞에서
- v의 발음
  - [f] : 단어의 처음이나 끝에서
  - [v] : 모음 + v + 모음 또는 외래어에서

※ -tion으로 끝나는 단어에서는 [ts]로 발음된다.

5) 복자음

ch	[x] a, o, u, au+ch	Bach, Loch, Tuch, Bauch
	[ç] 그 밖의 모음+자음	dich, Milch
-ig	[iç] 단어끝	wenig, billig
sp-	[ʃp-]	Speise
st-	[ʃt-]	Stadt
sch	[ʃ]	Schule

- ch의 발음

• [x] : a, o, u, au + ch

• [ç] : 기타 모음, 자음(l, n, r) + ch (eu**ch**, wel**ch**er, man**ch**mal, dur**ch**)

- ds, ts, tz의 발음

• [ts] : ds, ts, tz는 z와 -**t**ion의 t 발음처럼 [ts]로 발음된다.

- dt, th의 발음

• [t] : dt, th는 철자대로 각각 발음되지 않고 [t]로 발음된다.

- ng의 발음

• [ŋ] : ng는 [ŋg]로 발음되지 않고 항상 [ŋ]으로 발음된다.

- ss, ß의 발음

• [s] : ss, ß는 항상 [s]로 발음된다.

- sp-, st-의 발음

• [ʃp], [ʃt]: 단어의 처음, 전철 다음, 합성어에서 각 단어의 처음 (**Sp**iegel, be**st**ellen, Früh**st**ück)

※ 단어의 중간이나 음절 끝에서는 sp, st가 [sp], [st]로 발음된다. (Fen**st**er, ge**st**ern, O**st**ern)

Übung 1 아래의 독일어 글자를 독일어 알파벳으로 읽어 보세요.

ARD CDU BMW  EU

Übung 2 다음 인물의 이름을 소리 내어 읽어 보세요.

Angela Merkel	Michael Schumacher	Ludwig van Beethoven	Johann Sebastian Bach	Martin Luther
Johann Wolfgang von Goethe	Albert Einstein	Friedrich Nietzsche	Alexander von Humboldt	Immanuel Kant

Übung 3 자신의 이름을 독일어 알파벳으로 말하고, 친구의 이름을 받아 적어 보세요.

ich	du
Dong Wook Lee	

3. 강세 Akzent

1) 독일어 단어는 대부분 첫음절에 강세가 있다. (kaufen, Lampe)
2) 외래어는 일반적으로 뒤에 엑센트가 있다.
   Restaurant, Hotel

4. 철자

1) 대문자를 쓰는 경우
   a. 독일어 명사의 첫 글자
      Das ist mein **S**ohn.

b. 문장의 첫 글자

Was machen Sie? **I**ch lerne Deutsch.

c. 동사의 명사화

Lernen macht Spaß!

d. 인칭 대명사 Sie(존칭)

Woher kommen **S**ie?

2) ss와 ß

a. 단음 + ss

Kennst du das Schlo**ss** Neuschwanstein?

b. 장음, 복모음 + ß

Ich liebe Fu**ß**ball.

연습문제 Übungen

1. 밑줄 친 부분의 발음이 서로 다른 것을 고르세요.

1) Mein Lieblingsfach ist **Ph**ysik. 2) **W**ie groß ist das Klavier?

3) Die Taxis warten auf uns. 4) Ich be**st**elle einen Ei**st**ee.

2. 밑줄 친 부분과 발음이 다른 것을 고르세요.

A : Wo liegt Hamburg?

B : In Deutschlan**d**.

1) Garten 2) Sta**dt** 3) **d**ort 4) Biblio**th**ek

3. 다음은 독일과 인접한 9개의 국가입니다. 철자가 잘못된 것을 모두 고르세요.

1) Dänemark 2) Poland 3) Tschechien 4) Österreich 5) Frankreich
6) Schweiz 7) Niederland 8) Belgien 9) Luxemberg

LEKTION 2

Guten Tag!

A. 어휘와 표현 Wörter und Ausdrücke

1. 인사하기

- Guten Morgen! (아침인사)
- Guten Tag! (점심인사)
- Guten Abend! (저녁인사)
- Gute Nacht! (잘 때 인사)
- Tschüss! Auf Wiedersehen! (헤어질 때 인사)

• der Morgen 아침 • der Tag 낮, 날 • der Abend 저녁 • die Nacht 밤

- **Wie** geht es Ihnen? Danke, gut. (sehr gut → gut → es geht → nicht so gut)
  어떻게 지내세요? 감사합니다. 잘 지내고 있어요.
- **Wie** geht es dir? Danke, gut.
  어떻게 지내니? 고마워. 잘 지내고 있어.

2. 소개하기

- **Wie** heißen Sie? Ich heiße Peter Meier.
  이름이 무엇입니까? 제 이름은 페터 마이어입니다.
- **Wie** ist Ihr Name? Mein Name ist Peter Schmidt. Mein Vorname ist Peter und mein Familienname ist Schmidt.
  이름이 무엇입니까? 제 이름은 페터 슈미트입니다. 페터는 이름이고, 슈미트는 성입니다.

• der Name 이름 • der Vorname 이름
• der Nachname (혹은 der Familienname) 성

• **Wer** ist das? Das ist Guno. 이 분은 누구세요? 구노입니다.

3. 출신과 거주지 묻기

• **Woher** kommen Sie? Ich komme **aus** Korea. (※ Ich komme **aus der** Schweiz.)
어디서 오셨어요? 한국에서 왔어요.

• **Wo** wohnen Sie? Ich wohne **in** Bern.
어디에 사세요? 베른에서 살아요.

Deutschland

Spanien

Italien

Frankreich

Österreich

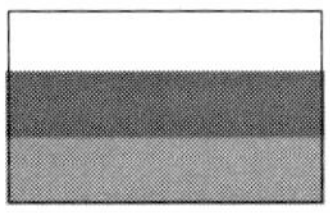
Russland

Polen

Korea

China

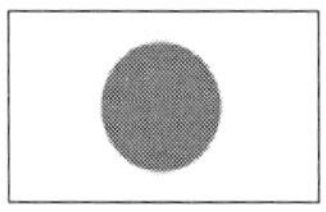
Japan

4. 독일어의 존칭 Sie/ du?

• Sie → Herr Meier, Frau Lee • du → Peter, Sumi

가족이나 가까운 친구, 회사동료 등 나이가 많아도 친한 경우에 du를 사용한다 ('duzen').

직업상, 일상생활 및 공적인 상황이나 격식을 차려야 할 때 Sie(대문자)를 사용한다('siezen').

- Wo wohnen **Sie, Herr Meier**? Ich wohne in Bonn.
  마이어씨, 어디에 사세요? 본에 살아요.
- Wo wohnst **du, Peter**? Ich wohne in Köln.
  페터야, 어디에 사니? 쾰른에 살아.

Übung 1 *Sie oder du?* 해당되는 것을 적어 넣으세요.

1) A: Entschuldigung, wie heißen ________, bitte?
   B: Ich bin Martin Kult. Wer sind ________?
   A: Mein Name ist Kurt Putz.
2) A: Wie heißt _______? Ich bin Marie.
   B: Hallo, Marie. Ich bin Pia.

Übung 2 알맞은 대답을 오른쪽에서 골라 번호를 적어 넣으세요.

1) Wie heißen Sie?	_____	A. Aus Korea. Und Sie?
2) Woher kommen Sie?	_____	B. Leo.
3) Wo wohnen Sie?	_____	C. In Bonn. Und Sie?
4) Wer bist du?	_____	D. Aus Polen. Und du?
5) Woher kommst du?	_____	E. Mein Name ist Daniela Norm.
6) Wo wohnst du?	_____	F. In Dortmund. Und du?

B. 문법 Grammatik

1. 인칭대명사(1)

	단수		복수	
1인칭	**ich**	나	**wir**	우리
2인칭	**du**	너	**ihr**	너희
(존칭)	**Sie**	당신	**Sie**	당신들
3인칭	**er**	그, 그것	**sie**	그들, 그것들
	sie	그녀, 그것		
	es	그, 그것		

■ 독일어의 인칭대명사는 가리키는 대상이 사람과 사물로 구별되지 않고, 사물이라 할지라도 그 명사가 남성 명사인지, 여성 명사인지, 중성 명사인지에 따라 그 명사를 받는 대명사가 구별된다.

• der Löffel → er • die Gabel → sie • das Messer → es

1) 남성 단수 (er)

• Das ist Herr Chang. Er kommt aus China.

• Frau Maier hat einen Garten. Er ist groß.

2) 여성 단수 (sie)

• Meine Freundin heißt Elvira. Sie studiert in Heidelberg.

• Mario hat eine Katze. Sie heißt Muffi.

3) 중성 단수 (es)

• Susanne hat ein Kind. Es (od. Sie) heißt Gabriel.

• Frau Maier hat ein Auto. Es ist teuer.

• ich und du = wir • du und du = ihr • Sie und Sie = Sie • er und sie und es = sie

2. 동사 현재 인칭변화

		kommen 1) 오다	arbeiten 2) 일하다	heißen 3) ~라고 불리다
ich	**-e**	komm**e**	arbeite	heiß**e**
du	**-st**	komm**st**	arbeit**est**	heiß**t**
er sie es	**-t**	komm**t**	arbeit**et**	heiß**t**
wir	**-en**	komm**en**	arbeit**en**	heiß**en**
ihr	**-t**	komm**t**	arbeit**et**	heiß**t**
sie Sie	**-en**	komm**en**	arbeit**en**	heiß**en**

1) 독일어 동사 부정형(kommen)은 어간(komm-)과 어미(-en)로 나누며, 어미는 주어의 인칭, 수에 따라 변한다.
   • Peter komm**t** aus Bonn.

2) 어간이 **-t, -d** 등으로 끝날 때 어미 앞에 **-e**를 붙인다.
   (예: antworten, reden, finden, ...)

3) 어간이 치음(**-s, -ß, -z, -sch** 등)으로 끝날 때 이인칭 단수(du)에서 s를 생략한다(**st** → **t**).
   (예: tanzen, reisen, ...)

4) **sein**동사는 불규칙 동사이다.
   (• ich bin • du bist • er ist • wir sind • ihr seid • sie/Sie sind)

Übung 1 빈칸을 채우세요.

• ich • du • er • sie • Sie

1) Lukas kommt aus Deutschland. ______ wohnt in Berlin.
2) Das ist Anna. ________ kommt aus Österreich, aus Graz.
3) A: Wo wohnen ________? B: In Innsbruck.

Übung 2 다음의 도표를 채우고, 아래의 문제를 푸세요.

	heißen	sein	kaufen	gehen	wohnen
ich				gehe	
du		bist			
er/sie/es					
wir					wohnen
ihr	heißt				
sie/Sie			kaufen		

1) Herr Kuhn wohn__ in München. Er ist Lehrer.

2) Wie heiß__ das Kind? ____ heißt Gudrun.

3) Wer ______ das? Das _______ Markus.

4) A: Max kauf__ Orangensaft. Und du? B: Ich kauf__ Mineralwasser.

5) A: Wir geh__ nach Hause. Und du? Ich geh__ auch nach Hause.

Übung 3 빈칸을 채우세요.

1) A: Hallo, ich heiße Mark. Wie ____________ du?

B: Ich ____________ Eva.

2) A: Ich bin Max. Und wer __________ du? B: Ich ___________ Petra.

B: Entschuldigung, wie __________ du? B: Petra.

3) A: Hallo Petra! Wie _______________ dir?

B: Danke, _____________. Und _________?

A: Auch gut, danke!

C. 대화 Dialoge

Dialog 1 본인 소개하기

Frau Müller: Guten Tag! Ich heiße Julia Müller. Ich komme aus Berlin.
Und Sie? Wie heißen Sie?

Herr Lee: Hallo! Frau Müller. Ich heiße Lee Dong Wook. Ich komme aus Korea.

Übung 1 위의 내용을 읽고 질문에 알맞은 답을 적으세요.

1) Woher kommt Herr Lee? ______________________________.

2) Frau Müller heißt mit Vornamen ________. Sie kommt aus __________.

Übung 2 다음 중 대화의 연결이 어색한 것을 고르세요.

1) A: Gute Nacht. - B: Nacht, Mama.

2) A: Woher kommt Herr Poweska? - B: In Polen.

3) A: Sind Sie Koreaner? - B: Ja, ich komme aus Korea.

4) A: Mein Name ist Bode. - B: Angenehm, ich heiße Meier.

Dialog 2 (타인) 소개하기

Greg: Hallo! Ich bin Greg aus Polen. Und wer bist du?

Alicia: Mein Name ist Alicia Gonzales aus Spanien. Mein Vorname ist Alicia, mein Nachname ist Gonzales. Und das ist Petra aus Deutschland.

Übung 1 위의 내용을 읽고 질문에 알맞은 답을 적으세요.

1) Wie heißt Alicia mit Nachnamen? _________________.

2) Woher kommt Alicia? ______________.

3) Wer kommt aus Polen? __________.

Übung 2 빈 칸에 해당하는 단어를 고르세요.

1) Sarah: Guten ________ ! Ich ________ Sarah. Und wie ________ du?

a. Abend - heißt - heiße b. Abend - heißt - heißt c. Abend - heiße - heißt

2) Thomas: Ich ________ Thomas.

a. bin b. ist c. heißt

3) Sarah: Und woher ________ du? Thomas: Ich komme _____ Mannheim.

a. kommt - in b. kommst - aus c. komme - aus

Dialog 3 인사하기

Herr Lee: Guten Morgen! Wie geht es Ihnen, Frau Lechner?

Frau Lechner: Sehr gut, danke. Und Ihnen?

Herr Lee: Danke, auch gut. Wo wohnen Sie?

Frau Lechner: Ich wohne in Heidelberg.

Übung 1 다음 중 알맞은 답을 고르세요.

1) Guten Tag, Frau Keller. Wie geht es Ihnen?

a. Danke, gut. Und Ihnen? b. Danke, gut. Und dir?

2) Hallo, Peter! Wie geht es dir?

a. Danke, gut. Und Ihnen? b. Danke, gut. Und dir?

Übung 2 빈칸에 들어갈 말로 알맞은 것을 고르세요.

A: Auf Wiedersehen, Herr Lang.

B: ______________, Jonas.

a. Hallo b. Tschüss c. Guten Morgen d. Entschuldigung

D. 연습문제 Übungen

1. 알맞은 어미를 적어 넣으세요.

Im Deutschkurs.

Mina komm__ aus Korea. Pedro und Maria komm__ aus Spanien. Sie lern__ zusammen Deutsch im Deutschkurs A1. Mina lern__ gerne Grammatik und Pedro schreib__ gerne. Sie mach__ zusammen Hausaufgaben und dann geh__ sie ins Cafe. Mina red__ gerne und trink__ einen Kaffee. Maria hat einen Freund. Er heiß__ Alberto. Er trink__ eine Cola. Dann geh__ sie alle nach Hause.

2. 알맞은 의문사를 적어 넣으세요.

• wo? • woher? • wer? • wie?

1) ________ studierst du? In Heidelberg.
2) ________ kommst du? Aus Busan.
3) ________ kauft Brot? - Carlos kauft Brot.
4) ________ wohnst du? In Kiel.
5) ________ heißt die Lehrerin? - Sie heißt Frau Schiller.
6) ________ bist du? Peter Maier.

3. 보기에서 알맞은 단어를 골라 빈칸을 채우세요.

• Woher • dir • Guten • heiße • aus

1) A: _______ Tag, wie heißen Sie?
B: Hallo, ich _______ Anna Berg.
A: ________ kommen Sie?
B: Ich komme aus Russland.

2) A: Hallo, Miko! Woher kommst du?

B: Ich komme _______ Japan.

A: Wie geht es _______?

B: Danke, sehr gut.

4. 다음을 알맞게 연결하세요.

ich	1)	a. heißt Peter Meier.
du	2)	b. arbeitest in Bonn.
er	3)	c. kommen aus Österreich.
wir	4)	d. wohne in Weimar.
ihr	5)	e. arbeitet bei Siemens.
sie	6)	f. seid in Seoul.

5. 맞는 것에 ■ 표 하세요.

1) Er □studierst □studiert □studiere □studieren Deutsch. (전공하다)

2) Ihr □arbeitest □arbeitet □arbeite □arbeiten in Ulsan. (일하다)

3) Ich □lebst □lebt □lebe □leben in Frankfurt. (살다)

4) Wie □heißest □heißt □heiße □heißen du? (~라고 불리다)

6. 다음 인물들을 소개해 보세요.

1)	2)	3)
Name: Manuel	Name: Jonas	Name: Jonghun
Land: Österreich	Land: Deutschland	Land: Korea
Wohnort: Graz	Wohnort: Kiel	Wohnort: Busan

1) Ich heiße Manuel. Ich komme aus Österreich. Ich wohne in Graz.

2) ____

3) ____

7. 보기에서 알맞은 동사를 골라 적어 넣으세요.

• wohnst(거주하다) • gehen(가다) • frage(묻다) • lebe(살다) • mache(하다)
• studiert(전공하다) • trinken(마시다) • lernst(배우다) • hört(듣다) • kauft(사다)

1)	Wir	gehen	nach Hause.
2)	Du		Deutsch.
3)	Ihr		in Hamburg.
4)	Ich		Peter.
5)	Clara		ein Eis.
6)	Wir		Bier.
7)	Ich		ein Foto.
8)	Du		in München.
9)	Paul		Musik.
10)	Ich		in Passau.

8. 빈 칸에 적어 본인을 소개해 보세요.

Partner	ich
• Wie heißen Sie?	• Ich heiße ________________.
• Wie ist Ihr Name?	• Mein Name ist ______________.
• Wer sind Sie?	• Ich bin _________________.
• Woher kommen Sie?	• Ich komme aus _____________.
• Wo wohnen Sie?	• Ich wohne in _______________.

E. 대화문

Dialog 1 본인 소개하기

뮐러 부인: 안녕하세요? 제 이름은 율리아 뮐러입니다. 저는 독일 베를린에서 왔습니다. 당신은요? 당신의 이름은 무엇입니까?

이동욱: 안녕하세요, 뮐러씨. 제 이름은 이동욱입니다. 한국에서 왔습니다.

Dialog 2 (타인) 소개하기

그렉: 안녕! 나는 폴랜드에서 온 그랙이라고 해. 너는?

알리시아: 내 이름은 알리시아 곤자레스이고, 스페인에서 왔어. 이름은 알리시아이고, 성은 곤잘레스지. 그리고 이 친구는 독일에서 온 페트라야.

Dialog 3 인사하기

이동욱: 안녕하세요? 레히너씨, 어떻게 지내세요?

레히너 부인: 아주 잘 지내고 있어요. 감사합니다. 당신은요?

이동욱: 감사합니다. 저도 잘 지내요. 레히너씨는 집이 어디세요?

레히너 부인: 저는 하이델베르크에 삽니다.

LEKTION 3

Was ist das? - Das ist ein Stuhl.

A. 어휘와 표현 Wörter und Ausdrücke

1. 사물 묻고 답하기

- **Was** ist das? - Das ist **ein** Baum. **Der** Baum ist grün.
  이것은 무엇입니까? 이것은 나무입니다. 이 나무는 초록색입니다.
- **Was** ist das? - Das ist **eine Uhr**. **Die** Uhr ist teuer.
  이것은 무엇입니까? 이것은 시계입니다. 이 시계는 비쌉니다.
- **Was** ist das? - Das ist **ein Buch**. **Das** Buch ist dick.
  이것은 무엇입니까? 이것은 책입니다. 이 책은 두껍습니다.

2. 색깔과 형태

- **Wie** ist der Tisch? Der Tisch ist groß und grau.
  이 테이블은 어떻습니까? 이 테이블은 크고 회색입니다.

weiß	schwarz	rot	blau
흰색의	검정색의	빨간색의	파란색의
gelb	grün	braun	grau
노란색의	초록색의	밤색의	회색의
lang/kurz	groß/klein	hell/dunkel	eng/breit
긴/짧은	큰/작은	밝은/어두운	좁은/넓은

neu/alt	dick/dünn	teuer/billig
새로운/오래된	두꺼운/얇은	비싼/싼

3. 사물의 성 익히기

die/eine Brille	안경	die/eine Tasche	가방	das/ein Handy	핸드폰
das/ein Foto	사진	der/ein Schlüssel	열쇠	die/eine Lampe	등
die/eine Zeitung	신문	der/ein Bleistift	연필	der/ein Kuli	볼펜
die/eine Blume	꽃	das/ein Buch	책	das/ein Heft	노트
das/ein Fenster	창문	das/ein Bett	침대	das/ein Auto	자동차
die/eine Tür	문	der/ein Hund	개	die/eine Uhr	시계

Übung 1 위의 단어를 남성, 여성, 중성 명사로 나누어 아래 표에 적어 보세요.

남성 der/ein		여성 die/eine		중성 das/ein	
Stuhl		Lampe		Haus	

Übung 2 보기에서 알맞은 형용사를 골라 문장을 완성하세요.

• dick • kurz • billig • groß • neu • dunkel • schlecht

1) Ist der Bleistift lang? Nein, er ist kurz.

2) Ist das Zimmer hell? Nein, es ist ____________________.

3) Ist das Buch dünn? Nein, es ist ____________________.

4) Ist die Brille alt? Nein, sie ist ____________________.

5) Ist der Kuli teuer? Nein, er ist ______________________.

6) Ist der Wein gut? Nein, er ist ______________________.

7) Ist die Studentin klein? Nein, sie ist ______________________.

Übung 3 보기와 같이 문장을 만드세요. (*사전에서 명사의 성을 찾으세요.)

• Was ist das? Baum (grün) • Das ist ein Baum. Der Baum ist grün.

1) Stuhl (klein) ______________________.

2) Haus (groß) ______________________.

3) Deutschbuch (interessant) ______________________.

4) Pizza (dünn) ______________________.

5) Tisch (lang) ______________________.

6) Tasche (blau) ______________________.

die Autobahn

B. 문법 Grammatik

1. 명사의 성 Genus

독일어에서는 모든 명사가 3개의 성(남성, 여성, 중성)을 가진다. der Mann (남자), die Frau (여자)와 같이 자연성을 나타낼 뿐만 아니라, der Tisch (테이블), die Tür (문), das Fenster (창문)와 같은 문법성을 가진다.

이때 남성은 der, 여성은 die, 중성은 das의 관사로 표시한다.

※ 명사의 성에 관한 일반 규칙

1) 남성 (m. Maskulinum)

남성을 나타내는 명사 및 직업, 국적	der Mann 남자, der Onkel 아저씨 der Techniker 기술자, der Koreaner 한국남자
계절, 달, 주, 하루시간	der Frühling 봄, der Januar 1월, der Samstag 토요일, der Abend 저녁
방위, 날씨	der Süden 남쪽, der Nordwesten 북서쪽 der Regen 비, der Schnee 눈, der Wind 바람, der Nebel 안개
-ling, -ismus, -or 등으로 끝나는 명사	der Liebling 애인, der Tourismus 관광, der Autor 작가

2) 여성 (f. Femininum)

여성을 나타내는 명사 및 직업, 국적	die Mutter 어머니, die Schwester 자매, die Tante 고모/이모 die Technikerin (여자)기술자, die Koreanerin 한국여자
-e 로 끝나는 명사 *예외: der Käse, der Name 등	die Frage 질문, die Stunde 시간, die Schule 학교
-ei, -heit, -keit, -ung, -schaft, -ion, -ur, -ik 등으로 끝나는 명사	die Bäckerei 빵집, die Freiheit 자유, die Möglichkeit 가능성, die Wissenschaft 학문, die Zeitung 신문, Nation 국민, Musik 음악

3) 중성 (n. Neutrum)

아이들 혹은 동물새끼	das Baby 유아, das Kind 아이, das Kalb 송아지
축소형 어미 -chen, -lein, -um으로 끝나는 명사	das Brötchen 롤빵, das Büchlein 소책자, das Museum 박물관
Ge- 로 시작하는 집합명사 다수	das Gebirge 산맥, das Gemüse 채소, das Getränk 음료
동명사 (동사 파생 명사)	das Treffen 만남, das Rauchen 흡연

2. 관사와 격

관사는 명사 앞에 위치하여 명사의 성, 수(단수, 복수), 격(1,2,3,4)을 나타내며, 종류에는 정관사와 부정관사가 있다. 정관사는 일반적으로 이미 알고 있는 것, 분명한 사람이나 사물을 지시할 때 사용한다. 부정관사는 정해지지 않은 불확실한 사람이나 사물을 처음으로 언급할 때 사용되며, 복수형이 없다.

- Lisa kauft eine Tasche. Die Tasche ist schön.
  리사는 가방 하나를 삽니다. 그 가방은 예쁩니다.

※ 관사의 형태

		남성	중성	여성	복수
정관사	1격 (이/가)	der	das	die	die
	4격 (을/를)	den	das	die	die
부정관사	1격 (이/가)	ein	ein	eine	-
	4격 (을/를)	einen	ein	eine	-
kein	1격 (이/가)	kein	kein	keine	keine
	4격 (을/를)	keinen	kein	keine	keine

정관사 (정해진, 특정의)	부정관사 (정해지지 않은, 처음 언급한)
Ich kaufe **den** Mantel. 나는 외투를 산다. Paul bestellt **die** Tomatensuppe. 파울은 토마토 스프를 주문한다. Julia bezahlt **das** Bier. 율리아는 맥주 값을 지불한다.	Ich trinke **einen** Weißwein. 나는 화이트 와인을 마신다. Du kochst **eine** Suppe. 너는 스프를 만든다. Eva isst **ein** Eis. 에바는 아이스크림을 먹는다.

3. 'kein' 부정문

명사를 부정할 때 쓰이며 부정관사 어미변화를 한다(복수 명사 앞에서는 정관사 어미변화).

A: Ist das ein Buch? 이것은 책입니까?

B: Nein, das ist **kein** Buch. Das ist ein Heft. 아닙니다. 이것은 책이 아닙니다. 공책입니다.

4. 'haben' 동사의 현재 인칭 변화

ich	habe	wir	haben
du	hast	ihr	habt
er,sie,es	hat	sie	haben

- 'haben' (가지다) 동사는 4격 목적어를 취하는 동사이다. ('있다'는 뜻)

- ***Haben*** Sie eine Schwester? - Ja, ich ***habe*** eine Schwester.
- ***Haben*** Sie einen Bruder? - Ja, ich ***habe*** einen Bruder.

Übung 1 다음 단어들 중에서 성이 다른 것을 지우세요.

1) Studentin - Schnee - Schüler - Norden

2) Freiheit - Blume - Januar - Sauberkeit

3) Politik - Zentrum - Taxifahrerin - Rechnung

4) Lampe - Sozialismus - Winter - Dienstag

Übung 2 아래의 단어를 남성, 여성, 중성 명사로 나누어 아래 표에 적어 보세요.

• Mädchen • Frau • Südwesten • Tischlein • Musik • Lernen • Ärztin
• Vormittag • Freundschaft • Möglichkeit • August • Lehrling • Stunde
• Sommer • Essen • Brötchen • Italiener • Auto • Gesundheit

남성	여성	중성
______	______	______
______	______	______
______	______	______
______	______	______
______	______	______
______	______	______

Übung 3 보기와 같이 빈칸을 채우세요.

• Ist das ein Hund? • Nein, das ist kein Hund, das ist eine Katze.

1) Ist das eine Tasche? Nein, das ist ____ Tasche, das ist _____ Tüte (die).

2) Ist das eine Zeitung? Nein, das ist ____ Zeitung, das ist ___ Zeitschrift (die).

3) Ist das ein Telefon? Nein, das ist ____ Telefon, das ist ____ Handy (das).

4) Ist das eine Jacke? Nein, das ist ____ Jacke, das ist ____ Hemd (das).

Übung 4 Koffer packen 여행 가방 싸기. 알맞은 정관사를 적어 넣으세요.

Ich fahre eine Woche nach Frankfurt. Ich brauche den Wecker(der), _____ Laptop(der), _____ Kreditkarte(die), _____ Schuhe (pl.), _____ Hemd(das) und _____ Tasche(die).

Übung 5 Klara geht einkaufen. 클라라가 장을 보러 갑니다. 알맞은 부정관사를 적어 넣으세요.

Klara kauft _____ Packung(die) Milch, _____ Stück(das) Leberwurst, _____ Becher(der) Joghurt, _____ Flasche(die) Apfelsaft, _____ Tafel(die) Schokolade und _____ Dose(die) Thunfisch.

Heidelberg

C. 대화 Dialoge

Dialog 1 Das ist ein Stuhl.

■ Entschuldigung, wie heißt das auf Deutsch, bitte?

● Stuhl.

■ Wie bitte?

● Das ist ein Stuhl.

Übung 1 보기에서 단어를 찾아 알맞은 곳에 적어 넣으세요.

| Bril | Zei | stift | dy | Fen | me | Ku | tung | to | sel | Schlüs | Blei | Au | le | Blu | li | ster | Han |

der: ____________, ____________, ____________

die: ____________, ____________, ____________

das: ____________, ____________, ____________

Dialog 2 Ist das ein Kuli?

■ Ist das ein Kuli?

● Nein, das ist kein Kuli. Das ist ein Füller.

■ Wie ist der Füller?

● Er ist neu.

Übung 1 빈칸에 들어갈 말로 알맞은 것을 고르세요.

A : Wer ist das?

B : Das ist meine Deutschlehrerin.

A : Wie ist sie?

B : ________________________

1) Sie ist groß.

2) Sie ist eine Frau.

3) Sie heißt Petra Schiller.

4) Sie kommt aus Kiel.

Allianz Arena, München

D. 연습문제 Übungen

1. Was ist das? 예문과 같이 대화내용을 만드세요.

1) ◆ Ist das ein Fenster? (eine Tür) ▶ Nein, das ist kein Fenster. Das ist eine Tür.

2) ◆ Ist das ein Fahrrad? (ein Auto) ▶

3) ◆ Ist das ein Kuli? (ein Bleistift) ▶

4) ◆ Ist das eine Zeitung? (eine Uhr) ▶

5) ◆ Ist das ein Stuhl? (ein Tisch) ▶

6) ◆ Ist das ein Spiegel? (eine Brille) ▶

7) ◆ Ist das ein Handy?(eine Lampe) ▶

2. 빈칸에 알맞은 말을 적어 넣으세요.

1) ein Kuli (X) ein Bleistift (O)	A: Haben Sie einen Kuli? B: Nein, ich habe _____ Kuli. Ich habe _____ Bleistift.

2) eine Zeitung (X) eine Zeitschrift (O)	A: Lesen Sie eine Zeitung? B: Nein, ich lese _____ Zeitung. Ich lese _____ Zeitschrift.

3) ein Buch (X) ein Wörterbuch(O)	A: Kaufen Sie ein Buch? B: Nein, ich kaufe ____ Buch. Ich kaufe _____ Wörterbuch.

3. 다음의 단어들 중에서 성이 다른 것이 포함된 것을 찾으세요.

1) Politik - Gesellschaft - Mutter - Reaktion

2) Datum - Mädchen - Lampe - Essen

3) Onkel - Sozialismus - Juni - Süden

4) Winter - Frühling - Arzt - Regen

4. 다음 중 틀린 것을 고르세요.

1) Ist das Haus neu? - Nein, es ist alt.

2) Hast du einen Fernseher? - Nein, ich habe kein Fernseher.

3) Ist der Wein teuer? - Ja, er ist teuer.

4) Hast du einen Computer? - Nein, ich habe keinen Computer.

5. 다음 보기와 같이 4격 목적어를 적어 넣으세요.

Computer (der) A: Hast du einen Computer? B: Nein, ich habe keinen Computer.

1) Auto (das) A: ____________________? B: ____________________.

2) Fernseher (der) A: ____________________? B: ____________________.

3) Sonnenbrille (die) A: ____________________? B: ____________________.

E. 대화문

Dialog 1 이것은 의자입니다.

- ■ 실례합니다, 이것은 독일어로 뭐라고 하나요?
- ● 의자라고 합니다.
- ■ 뭐라고 하셨죠?
- ● 이것은 의자입니다.

Dialog 2 이것은 볼펜인가요?

- ■ 이것은 볼펜인가요?
- ● 아뇨, 이것은 볼펜이 아닙니다. 이것은 만년필입니다.
- ■ 이 만년필은 어떤가요?
- ● 이 만년필은 새것입니다.

LEKTION 4

Das ist mein Bruder.

A. 어휘와 표현 Wörter und Ausdrücke

1. 가족소개 Familie

Wer ist das? Das ist **mein** Vater. 이분은 누구십니까? 이분은 제 아버지입니다.

Wer ist das? Das ist **meine** Mutter. 이분은 누구십니까? 이분은 제 어머니입니다.

der Großvater(Opa)	die Großmutter(Oma)	할아버지 / 할머니
der Bruder	die Schwester	남동생(오빠, 형 등) / 여동생(언니, 누나 등)
der Sohn	die Tochter	아들 / 딸
der Onkel	die Tante	삼촌(고모부, 이모부 등) / 숙모(고모, 이모 등)
der Neffe	die Nichte	남자 조카 / 여자 조카
der Cousin	die Cousine	남자 사촌 / 여자 사촌
der Mann	die Frau	남편 / 아내

Das ist meine Familie. Das ist mein Mann. Das ist mein Sohn Tom. Und das ist meine Tochter Sara. 여기는 제 가족입니다. 이 사람은 내 남편입니다. 이쪽은 아들 톰입니다. 그리고 이쪽은 딸 사라입니다.

2. 숫자 0–100

1	2	3	4	5	6	7	8	9	10
eins	zwei	drei	vier	fünf	sechs	sieben	acht	neun	zehn
11	12	13	14	15	16	17	18	19	20
elf	zwölf	dreizehn	vierzehn	fünfzehn	sechzehn	siebzehn	achtzehn	neunzehn	zwanzig

21	22	26	28	29
einundzwanzig	zweiundzwanzig	sechsundzwanzig	achtundzwanzig	neunundzwanzig

30	40	50	60	70	80	90	100	101	0
dreißig	vierzig	fünfzig	sechzig	siebzig	achtzig	neunzig	hundert	hunderteins	null

- 13-19: -zehn
- 20-90: -z(ß)ig
- 십단위: 일단위und십단위 (붙여서 읽는다.): **drei**und**zwanzig(23)**

-1은 처음에는 ein-, 마지막엔 -eins로 한다.: 31(**ein**unddreißg), 101(hundert**eins**)

3. 나이 묻기

Wie alt sind Sie? Ich bin 35 **Jahre alt**. 나이가 어떻게 되시나요? 저는 35살입니다.

Wie alt bist du? Ich bin 21 **Jahre alt**. 몇 살이니? 21살이야.

Wie alt ist dein Vater? Er ist 45 **Jahre alt**. 아버지는 연세가 어떻게 되시나요? 45세입니다.

Übung 1 보기에서 단어를 골라 빈칸에 적어 넣으세요.

• Generationen • Mann • Familie • Eltern • Tante

1) Heute kommt meine ____________, die Schwester meines Vaters, zu uns.
2) Laura liebt ihren ____________ nicht mehr. Ihre Ehe ist nicht mehr glücklich.
3) Annas ____________ geht jeden Sonntag in die Kirche.
4) Wir wohnen in München zusammen mit den ____________ meines Vaters. Drei ____________ leben dort zusammen.

Übung 2 다음 수를 보기와 같이 쓰세요. (보기: 2: zwei)

1) 31:
2) 95:
3) 678:

4) 12:

5) 714:

Übung 3 Wie alt bin ich? 괄호 안의 숫자를 보기와 같이 쓰고, 마지막에 내가 몇 살인지 적어 보세요.

Ich habe einen Bruder und eine Schwester. Paul ist acht (8) und Paula ist ____________ (10) Jahre alt. Meine Mutter ist ____________ (37) und mein Vater ____________ (38) Jahre alt. Opa ist ____________ (73) Jahre und Oma ____________________ (69). Wir alle zusammen sind schon ________________________________(247) Jahre alt. Also, wie alt bin ich?

Ich bin ____________ (   ) Jahre alt.

Übung 4 텍스트를 읽고 괄호 속에 알맞은 친족 관계를 적으세요.

Ich heiße Lisa. Das ist meine Mutter Nina und das ist mein Vater Thomas. Und das ist meine Schwester Susi. Wir wohnen in Heidelberg. Mein Vater hat einen Bruder. das ist mein Onkel Peter. Onkel Peter und Tante Anna haben zwei Kinder. Das sind meine Cousine Anke und mein Cousin Paul. Ich liebe auch meine Großeltern, meinen Großvater David und meine Großmutter Monika.

Großeltern	(meine Großmutter) Monika	( ) David
Eltern	( ) Nina	( ) Thomas
	( ) Anna	( ) Peter
	( ) Anke	( ) Paul
Geschwister	( ) Susi	

B. 문법 Grammatik

1. 소유관사 Possessivartikel

소유관사는 관사와 마찬가지로 명사의 수식어로 사용되며 사람 또는 사물의 소유나 소속관계를 나타낸다. 독일어의 소유관사는 명사의 성, 수, 격에 따라 변하며, 부정관사의 어미변화와 동일하다. 해당 인칭의 소유관사는 다음과 같다.

ich	→ mein	나의
du	→ dein	너의
er/sie/es	→ sein/ihr/sein	그의/그녀의/그것의
wir	→ unser	우리의
ihr	→ euer	너희들의
sie/Sie	→ ihr/Ihr	그들의(당신의/당신들의)

※ 소유관사의 활용

	남성		중성		여성	
ich	mein	Bruder	mein	Kind	mein**e**	Schwester
du	dein	Bruder	dein	Kind	dein**e**	Schwester
er	sein	Bruder	sein	Kind	sein**e**	Schwester
sie	ihr	Bruder	ihr	Kind	ihr**e**	Schwester
wir	unser	Bruder	unser	Kind	unser**e**	Schwester
ihr	euer	Bruder	euer	Kind	**eure**	Schwester
sie/Sie	ihr/Ihr	Bruder	ihr/Ihr	Kind	ihr/Ihr**e**	Schwester

Übung 1 알맞은 소유관사를 보기에서 골라 적어 넣으세요.

• seine • euer • ihr • mein • sein • deine • unsere • ihr

1) Ich habe ein Auto.	Das ist ______ Auto.
2) Du hast eine Uhr.	Das ist ______ Uhr.
3) Peter hat einen Kuli.	Das ist ______ Kuli.
4) Anna hat ein Handy.	Das ist ______ Handy.
5) Der Junge hat eine Tasche.	Das ist ______ Tasche.
6) Wir haben eine Tochter.	Das ist ______ Tochter.
7) Ihr habt ein Haus.	Das ist ______ Haus.
8) Die Touristen haben einen Stadtplan.	Das ist ______ Stadtplan.

Übung 2 알맞은 소유관사를 적어 넣으세요.

Onkel Thomas kommt!!

Onkel Thomas: Ralf und Lea, wo ist denn eure Mama?

Ralf und Lea: Unsere Mama ist in der Küche.

Onkel Thomas: Und wo ist ____________ Papa?

Ralf und Lea: ___________ Papa ist im Garten und arbeitet.

Onkel Thomas: Wo ist _________ Zimmer, Ralf?

Ralf: Das ist ______ Zimmer. Und das ist das Zimmer von Lea. ______ Zimmer ist groß.

Übung 3 알맞은 소유관사에 ■ 표 하세요.

1) Das sind Peter und Leonie. □Ihre □Seine Kinder gehen zur Schule.

2) Die Tochter Klara spielt Klavier. □Ihr □Sein Klavier ist neu.
□Ihr □Sein Bruder Philip hat einen Computer.

C. 대화 Dialoge

Dialog 1 Wer ist das?

Herr Müller: Wer ist das?

Frau Halle: Das ist mein Mann.

Herr Müller: Und wer ist das?

Frau Halle: Das ist mein Vater und das ist meine Mutter. Und das sind mein Bruder Guido und meine Schwester Susanne.

Herr Müller: Das ist meine Familie. Das ist meine Frau. Ich habe zwei Kinder. Das ist meine Tochter Leoni. Und das ist mein Sohn Jörg.

Dialog 2 Wie alt ist deine Schwester?

Susanne: Hallo, Jörg.

Jörg: Hi, Susanne.

Susanne: Das ist mein Bruder Guido, er ist 15 Jahre alt.

Jörg: Hallo, Guido. Und das ist meine Schwester Leoni, sie ist 12 Jahre alt.

Guido + Leoni: Hallo!

Übung 1 위의 내용을 읽고 질문에 답하세요.

1) Wie viele Kinder hat Herr Müller? ___________

2) Wie alt ist Guido? ____________

3) Wie heißt die Schwester von Jörg? ___________

4) Hat Susanne einen Bruder? ________________________.

Übung 2 위의 Dialog 1에서 Müller씨 가족을 소개해 보세요.

Das ist die Familie von Herrn Müller. Das ist seine Frau. Er ______________

____.

Übung 3 다음은 Kunze가족을 소개하는 내용입니다. 알맞은 소유관사를 적어 넣으세요.

Ich heiße Martin Kunze. Ich bin Lehrer und habe zwei Kinder. Meine Kinder gehen in die Schule. ______ Sohn Peter ist 11, __________ Tochter ist 12. ________ Frau heißt Eva. Sie ist Floristin. Am Wochenende besuche ich oft meinen Bruder. Er ist verheiratet und wohnt in Hamburg. _______ Schwester ist ledig und wohnt in München.

Ulm

D. 연습문제 Übungen

1. 다음 텍스트를 읽고 빈칸을 채우세요.

Ich heiße Julian Putz und komme aus Österreich. Ich wohne in New York. Ich bin Journalist. Ich bin 48 Jahre alt. Ich bin verheiratet und habe drei Kinder.

Vorname:
Nachname:
Land: Österreich
Wohnort:
Beruf:
Alter:
Familienstand: ledig ○
verheiratet ○
Kinder:

2. Das ist die Familie von Klara. 빈 칸에 해당하는 소유관사를 고르세요.

1) Das ist ihr Mann.
2) Das ist _____ Sohn.
3) Das ist _____ Mutter.
4) Das ist _____ Bruder.
5) Das ist _____ Schwester.

3. Mann und Frau. 해당하는 단어를 고르세요.

1) der Vater - die Mutter
2) der Onkel - ____________________
3) der Cousin - ____________________

4) der Mann - __________________

4. 알맞은 소유관사를 적어 넣으세요.

1) Das bin ich und das ist __________ Sohn.

2) Das bist du und __________ Mutter.

3) Das ist Peter und __________ Vater.

4) Hier ist Laura und __________ Tochter.

5) Guten Tag Frau Kim, kommt _________ Mann auch aus Korea?

5. 알맞은 숫자를 적으세요.

1) fünf, zehn, __________, zwanzig

2) vier, sechs, __________, zehn

3) zehn, zwanzig, __________, vierzig, fünfzig

4) sieben, vierzehn, __________, __________

5) drei, sechs, __________, __________

6. 알맞은 소유관사를 적어 넣으세요.

1) Ich habe einen Hund.	Mein Hund ist sehr lieb.
2) Ich habe ein Sofa.	_________ Sofa ist rot.
3) Du hast eine Katze.	_________ Katze ist süß.
4) Er hat eine Wohnung.	_________ Wohnung ist groß.
5) Sie hat einen Garten.	_________ Garten ist schön.
6) Wir haben viele Freunde.	_________ Freunde sind nett.
7) Ihr habt eine neue Lehrerin.	_________ Lehrerin ist freundlich.
8) Sie haben ein neues Auto.	_________ Auto gefällt mir.

7. 알맞은 소유관사를 적어 넣으세요.

1) Pia, Eva! Wir fahren los. Pia, wo ist _______ Handy? Eva, hast du ______ Fahrrad?

2) Peter liebt _________ Kaffee am Morgen.

3) Ach, wo ist sie denn? Ich finde ________ Brille nicht.

4) Heute haben wir keine Zeit. Wir besuchen _______ Großeltern.

Mannheim

E. 대화문

■ Dialog 1 이분은 누구십니까?

뮐러씨: 이분은 누구십니까?

할레 부인: 이분은 제 남편입니다.

뮐러씨: 그리고 이분은 누구시죠?

할레 부인: 이분은 제 아버지이고 이분은 제 어머니입니다. 그리고 이쪽은 제 동생 기도이고, 제 여동생 주자네입니다.

뮐러씨: 여기는 제 가족입니다. 이 사람은 내 아내예요. 저희는 아이가 두 명입니다. 이쪽은 딸 레오니입니다. 그리고 이쪽은 아들 요크입니다.

■ Dialog 2 여동생은 몇 살이야?

주자네: 안녕, 요크.

요크: 안녕, 주자네.

주자네: 이 아이는 내 동생 기도야. 15살이구.

요크: 안녕, 기도. 이 아이는 내 여동생 레오니야. 12살이야.

기도+ 레오니: 안녕!

LEKTION 5 Mein Bruder ist Student und spielt gern Fußball.

A. 어휘와 표현 Wörter und Ausdrücke

1. 직업 Beruf

• Was sind Sie von Beruf? (Was bist du von Beruf?) 직업이 무엇입니까?	Ich bin Lehrer. 저는 (남자)선생님입니다.
• Was machen Sie beruflich? (Was machst du beruflich?) 직업이 무엇입니까?	Ich bin Lehrerin. 저는 (여자)선생님입니다.

※ 다음은 주요 직업을 나타낸 것이다.

der Verkäufer	판매자, 점원	der Automechatroniker	자동차 정비사
der Bauarbeiter	건설 근로자	der Programmierer	프로그래머
der Arzt	의사	der Taxifahrer	택시기사
der Kellner	(식당)종업원	der Krankenpfleger	간호사
der Friseur	미용사	der Sekretär	비서
der Koch	요리사	der Bäcker	제빵사
der Lehrer	교사	der Florist	플로리스트
der Student	학생	der Hausmann	(남자)전업주부

※ 직업을 나타내는 명사에는 관사를 붙이지 않으며, 남성명사에 -in이 붙으면 여성명사가 된다.

규칙(남성명사+ -in)			
der	die	der	die
Kellner	Kellnerin	Arzt	Ärztin
Lehrer	Lehrerin	Krankenpfleger	Krankenschwester
Sekretär	Sekretärin	Hausmann	Hausfrau
Bäcker	Bäckerin	Koch	Köchin

Übung 1 빈칸을 채우세요.

der	die	der	die
Programmierer			Köchin
Bauarbeiter			Friseurin
	Verkäuferin	Student	
Bäcker		Arzt	

Übung 2 다음의 직업군들이 어느 곳에서 일하는지 연결하세요.

- im Kindergarten 1) a. die Sekretärin
- im Restaurant 2) b. der Bäcker
- im Geschäft 3) c. die Friseurin
- im Büro 4) d. der Verkäufer
- in der Werkstatt 5) e. der Bauarbeiter
- in der Baustelle 6) f. der Kellner
- in der Bäckerei 7) g. die Erzieherin
- im Friseursalon 8) h. der Zahnarzt
- in der Zahnarztpraxis 9) i. der Mechatroniker

Übung 3 다음의 직업군들이 하는 일과 맞는 것을 연결하세요.

• kochen	1)	a. die Lehrerin
• backen	2)	b. der Bäcker
• Haare schneiden	3)	c. die Friseurin
• ein Haus bauen	4)	d. der Verkäufer
• unterrichten	5)	e. der Bauingenieur
• verkaufen	6)	f. die Köchin
• programmieren	7)	g. der Arzt
• operieren	8)	h. der Programmierer

2. 취미와 여가시간

- Was sind deine Hobbys? Mein Hobby ist **Fotografieren.**
  취미가 뭐니? 내 취미는 사진 찍기야.
- Was machst du gern? Ich **koche gern**.
  너는 무엇 하는 걸 좋아하니? 나는 음식 만드는 걸 좋아해.

※ Hobbys 취미 활동

Was ist dein Hobby? Ich habe viele Hobbys. 취미가 뭐니? 난 취미가 많아.

• essen gehen (먹으러 가다)	Ich gehe gern essen.
• ins Kino gehen (극장에 가다)	Wir gehen gern ins Kino.
• im Internet surfen (인터넷 서핑하다)	Peter surft gern im Internet.
• fernsehen (TV를 보다)	Meine Familie sieht gern fern.

※ Freizeit 여가시간

Was machst du in der Freizeit? 너는 여가시간에 뭐해?

Kunst und Kultur (문화생활)

- Musik hören (음악을 듣다) Lisa hört gern Musik.
- Gitarre spielen (기타를 치다) Leon spielt gern Gitarre.
- Klavier spielen (피아노를 치다) Tamara spielt jeden Tag Klavier.
- lesen (읽다) Meine Mutter liest gern Bücher.
- malen (그리다) Du malst sehr gut!

Sport (스포츠 활동)

- Sport machen (스포츠 하다) Ich mache viel Sport!
- laufen (뛰다) Gehen wir zusammen laufen!
- Fußball spielen (축구를 하다) Viele Deutsche spielen Fußball. Fußball ist Nationalsport in Deutschland.
- Ski fahren (스키를 타다) Tina fährt gern Ski.
- schwimmen (수영을 하다) Schwimmen ist gut für den Rücken!

Übung 1 보기에서 알맞은 단어를 골라 적어 넣으세요.

•höre •spiele •male

A: Was machst du gern?

B: Ich ______________ gern Gitarre, und du?

A: Ich ______________ gerne Bilder. Ich benutze viele Farben!

B: Wie schön! Machst du auch Musik?

A: Nein, ich ______________ nur Musik.

Übung 2 서로 알맞은 단어들을 연결하세요.

• Gitarre	1)	a. surfen
• Musik	2)	b. machen
• Sport	3)	c. spielen
• essen	4)	d. gehen
• im Internet	5)	e. fahren
• Bücher	6)	f. hören
• Ski	7)	g. lesen

Übung 3 보기의 취미활동에 대해 어떻게 생각하는지 쓰세요.

• Fußball spielen • in die Stadt gehen • im Internet surfen
• fotografieren • spazieren gehen • lesen • Musik hören
• ins Kino gehen • am Computer spielen • joggen

interessant	langweilig
Tennis spielen	*joggen*

B. 문법 Grammatik

1. 동사인칭변화 II (불규칙변화)

독일어 동사는 동사의 어간의 모음이 교체되는지에 따라 규칙과 불규칙 동사로 나뉜다. 불규칙 동사는 현재 단수 2인칭 (du), 3인칭 (er,sie,es)에서 어간 모음이 e → i, e → ie, a → ä, au → äu, o → ö 로 변하는 동사를 말한다.

[e → i] geben, essen, sprechen, treffen, helfen, nehmen 등

ich	gebe
du	g*i*bst
er/sie/es	g*i*bt
wir	geben
ihr	gebt
sie/Sie	geben

ich esse, du *i*sst, er *i*sst
ich spreche, du spr*i*chst, er spr*i*cht
ich treffe, du tr*i*ffst, er tr*i*fft
ich helfe, du h*i*lfst, er h*i*lft
ich nehme, du **nimmst**, er **nimmt**

[e → ie] lesen, sehen, stehlen, befehlen 등

ich	lese
du	**l*ie*st**
er/sie/es	l*ie*st
wir	lesen
ihr	lest
sie/Sie	lesen

ich sehe, du s*ie*hst, er s*ie*ht
ich stehle, du st*ie*hlst, er st*ie*hlt
ich befehle, du bef*ie*hlst, er bef*ie*hlt

[a → ä] fahren, fangen, halten, schlafen, tragen, waschen, backen 등

ich	fahre
du	f*ä*hrst
er/sie/es	f*ä*hrt
wir	fahren
ihr	fahrt
sie/Sie	fahren

ich fange, du f*ä*ngst, er f*ä*ngt
ich schlafe, du schl*ä*fst, er schl*ä*ft
ich trage, du tr*ä*gst, er tr*ä*gt

Übung 1 Wie heißt der Infinitiv? 해당 동사의 원형을 보기와 같이 써 보세요.

1) sie nimmt - nehmen
2) es fährt ________________
3) du isst ________________
4) er gibt ________________
5) du hilfst ________________
6) sie fängt ________________
7) er fällt ________________
8) sie trägt ________________
9) du sprichst ________________
10) er schläft ________________

Übung 2 인칭에 맞게 동사 어미변화를 하세요.

lesen	essen	fahren	waschen
du ______	Michael ______	ihr ______	du ______
Peter ______	du ______	du ______	ich ______
ihr ______	ihr ______	er ______	Tom und Eva ______

schlafen	sprechen	sehen	laufen
Rudi ______	Max und Rena ______	wir ______	du ______
ich ______	du ______	du ______	Max und Rena ______
ihr ______	er ______	Tom ______	sie ______

Übung 3 빈칸에 들어갈 알맞은 답을 고르세요.

1) __________ Peter gern Sport? a. Macht b. Fährt c. Spielt d. Trifft

2) __________ Norbert gern Klavier? a. Macht b. Fährt c. Spielt d. Trifft

3) __________ Marion gern Ski? a. Macht b. Fährt c. Spielt d. Trifft

4) __________ Mina gern Freunde? a. Macht b. Fährt c. Spielt d. Trifft

Übung 4 보기에서 골라 대화를 완성하세요.

Triffst | schwimmt | Spielt | Machst | mache | Fährt | Schwimmt | spielt | treffe | fährt

1) _________ du gern Sport? - Ja, ich _________ gern Sport.

2) _________ er gern Klavier? - Nein er _________ nicht gern Klavier.

3) _________ Marion gern Ski? - Ja, sie _________ gern Ski.

4) _________ du gern Freunde? - Nein, ich _________ nicht gern Freunde.

5) _________ dein Sohn gern? - Ja, er _________ gern.

Übung 5 문장을 만드세요.

1) Lukas - gern - Zeitung - liest -. ____________________________________

2) gern - Singt - ihr - ? ____

3) reist - gern - Du -. ____

4) die Wäsche - Frau Mauer - Wäscht - gern? __________________________

C. 대화 Dialoge

Dialog 1 Was sind Sie von Beruf?

Herr Lee: Herr Müller, was sind Sie von Beruf?

Herr Müller: Ich bin Koch. Ich arbeite im Restaurant 'Kaiser'.
Und Sie? Was machen Sie beruflich?

Herr Lee: Ich bin Student. Ich studiere Politik in Heidelberg.

Dialog 2 Was machst du gern?

Peter: Hallo, Dong Wook! Was machst du gern?

Dong Wook: Ich mache viel Sport. Ich spiele gern Fußball und schwimme viel.
Spielst du auch gern Fußball?

Peter: Nein, aber ich jogge gern.

Übung 1 위의 내용을 읽고 알맞은 답을 고르세요.

1) Was ist Herr Müller von Beruf? ______________________

2) Was studiert Herr Lee? ______________

3) Was macht Peter gern? ________________

Übung 2 Was macht Dong Wook gern? 동욱이 무엇을 즐겨하는지 문장으로 써 보세요.

Dong Wook ____

Übung 3 아래의 문장을 한국어로 옮기세요.

Ich bin Koch. Ich arbeite im Restaurant. ________________________

Übung 4 아래 왼쪽의 이메일을 읽고 오른쪽 빈칸에 주인공에 대한 정보를 쓰세요.

Hallo! Ich heiße Sonja. Ich bin 22 Jahre alt und komme aus Deutschland. In der Freizeit treffe ich meine Freunde. Wir gehen oft ins Kino. Im Sommer gehen wir zusammen schwimmen oder grillen. Oft surfe ich im Internet und schreibe gern E-mails. Bitte schreibt mir. Sonja	Name: ________ Land: ________ Alter: ________ Hobbys: ________

Einkaufszentrum, Frankfurt

D. 연습문제 Übungen

1. 빈칸에 들어갈 알맞은 말을 보기에서 골라 써 보세요.

• Verkäuferin • Koch • Angestellter

1) A: Was sind Sie von Beruf?

   B: Ich bin ____ und arbeite im Restaurant.

2) A: Was macht Ihre Tochter beruflich?

   B: Sie arbeitet im Kaufhaus. Sie ist ________.

3) A: Was ist Ihr Sohn von Beruf?

   B: Er arbeitet bei Siemens. Er ist ________.

2. 보기와 같이 빈 칸을 채우세요.

Ich bestelle Wein. Du bestellst Bier.

1) Ich nehme Tee. Du ________ Kaffee.
2) Ich schlafe zu Hause. Peter ________ im Hotel.
3) Ich sehe Klaus heute. Du ________ Klaus morgen.
4) Ich fahre nach Bremen. Du ________ nach München.
5) Ich lese ein Buch. Carlos ________ die Zeitung.
6) Ich helfe Peter. Du ________ Maria.

3. 다음의 단어를 이용해 문장을 만드세요.

1) Christian/ schlafen/ vor dem Fernseher ______________________________.
2) Tom/ lesen/die Zeitung / im Bett ______________________________.
3) Nora/ treffen/ ihre Freundin/ in der Stadt ______________________________.
4) Luisa/ helfen/ gern/ anderen Menschen ______________________________.

5) Minsoo/ sprechen/ schon gut/ Deutsch ______________________________.

4. 보기와 같이 문장을 만드세요.

kaufen - Wein: Was kaufe ich? - Du kaufst Wein.

1) essen - Obst: Was esse ich? ______________________________.

2) fahren - nach München: Wohin fahre ich? ____________________________.

3) nehmen - ein Mineralwasser: Was nehme ich? ________________________.

4) waschen - die Hose: Was wasche ich?____________________________.

5) gehen - nach Hause: Wohin gehe ich? ____________________________.

6) tragen - eine blaue Hose: Was trage ich? __________________________.

5. 문장에 맞게 어미변화하세요.

1) Ich fahre gern Fahrrad, aber Petra ____________ leider nicht gern. (fahren)

2) Ich esse gern Wurst, aber Petra ___________ nur Gemüse. (essen)

3) Ich schlafe am Wochenende bis um 11 Uhr, aber Petra _____ nicht gern lang. (schlafen)

4) Ich sehe gern Fußball, aber Petra __________ gern Filme. (sehen)

5) Ich wasche mein Auto, aber Petra __________ unseren Hund.(waschen) Sie _________ mir nicht. (helfen)

6) Ich nehme nicht gern Medikamente, aber Petra _______ oft Schlaftabletten. (nehmen)

7) Ich lese gern Zeitungen, aber Petra ________ nur Romane. (lesen)

8) Beim Essen spreche ich sehr wenig, aber Petra ______ sehr viel. (sprechen)

6. 보기에서 알맞은 동사를 골라 문장에 맞게 쓰세요.

• essen • fahren • helfen • laufen • nehmen • schlafen • sein • sprechen

1) Martin hat heute Geburtstag. Er _________ 7 Jahre alt.
2) Zum Frühstück _________ Susanne ein Brötchen mit Wurst.
3) Martina ist sehr sportlich. Sie kann sehr schnell _________ .
4) Der Student ist sehr intelligent. Er _________ vier Sprachen.
5) Der Arzt _________ jeden Tag mit dem Fahrrad zur Arbeit.
6) Unser Sohn liegt schon im Bett und _________ .
7) Anna hat Probleme. Aber ihr Freund _________ ihr nicht.
8) Ich möchte ein Glas Bier und eine Pizza. Und was _________ du?

7. 다음과 같이 문장을 만드세요.

1) Geht Peter? (laufen): Peter geht nicht, er läuft.
2) Trinkt Manuela? (essen):

   ____.

3) Bleibt Petra? (nach Hause fahren):

   ____.

4) Kocht Julia? (Zeitung lesen):

   ____.

E. 대화문

■ ***Dialog 1*** **직업이 무엇입니까?**

이동욱: 뮐러씨, 직업이 무엇입니까?

뮐러씨: 저는 요리사입니다. 식당 '카이져'에서 일합니다. 당신은 무슨 직업을 갖고 계시죠?

이동욱: 저는 학생입니다. 저는 하이델베르크에서 정치학을 공부하고 있어요.

■ ***Dialog 2*** **무엇을 즐겨 하니?**

페터: 안녕, 동욱! 너는 무엇을 즐겨하는 편이니?

동욱: 나는 스포츠를 많이 해. 축구 하는걸 좋아하고 수영도 많이 해.
너도 축구하는 거 좋아하니?

페터: 아니. 나는 조깅 하는걸 좋아해.

LEKTION 6

Meine Wohnung

A. 어휘와 표현 Wörter und Ausdrücke

1. 집 Meine Wohnung

Wer wohnt wo? 다음 글을 읽고 해당되는 것을 보기에서 골라 써 보세요.

- das Einfamilienhaus 단독주택
- das Hochhaus 고층아파트
- das Appartement 원룸
- das Studentenwohnheim 기숙사
- die Wohngemeinschaft 쉐어하우스

1) In einer Wohngemeinschaft(WG) wohnen Menschen zusammen. Max und Chris wohnen in einer WG. Ihre Wohnung ist 158pm(Quadratmeter) groß. Jeder hat sein Zimmer. Das Bad und die Küche benutzen sie zusammen. (   )

2) Peter Neu und seine Frau Klara wohnen in Kiel. Sie haben zwei Kinder. Sie haben ein Haus mit Garten. Klara findet den Garten schön. (   )

3) Karin studiert Medizin in Berlin. Sie hat ein Zimmer im Studentenwohnheim. Das Zimmer ist 15pm groß. Karin findet das Zimmer klein. (   )

2. 방의 명칭과 가구

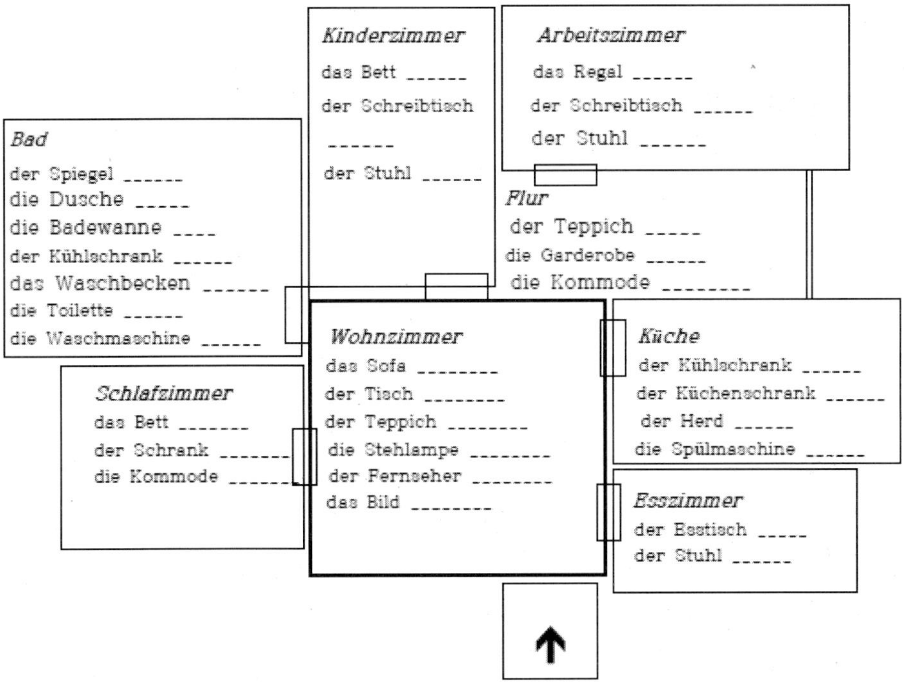

Übung 1 보기에서 골라 동사에 해당되는 방의 이름을 적어보세요.

• üc Khe • nzWhimeomr • zssimEmer • adezmeBimr • imndKrziemer • chlfziSamerm

1) arbeiten: das Arbeitszimmer
2) essen: ________________
3) baden: ________________
4) Kinder: ________________
5) kochen: ________________
6) schlafen: ________________
7) wohnen: ________________

Übung 2 위의 가구의 뜻을 사전에서 찾아 적어 넣으세요.

3. 집 관련 표현

- Wie findest du den Schrank? Ich finde den Schrank modern.
  너는 이 옷장을 어떻게 생각해? 이 옷장은 아주 모던하다고 생각해.
- Das Wohnzimmer ist ja super. 이 거실은 진짜 멋지다.
- Die Terrasse ist wirklich toll. 이 테라스 정말 멋진걸.
- Ich finde die Wohnung echt gemütlich. 이 집은 정말 아늑하네.
- Wie groß ist deine Wohnung? 너의 집은 얼마나 크니?
  Meine Wohnung ist 150 qm(Quadratmeter) groß.
  집의 크기는 150평방 미터야.
- Unsere Wohnung hat drei Zimmer und einen Garten.
  우리 집은 방이 세 개고 정원도 있어.
- Wie teuer ist die Lampe? Die Lampe kostet 70 Euro.
  이 등은 얼마야? 이 등 가격은 70 유로야.

4. 화폐 읽기

- 100 Cent = 1 Euro (ein Euro)
- 5,39 € = 5 Euro 39 (fünf Euro neununddreißig)
- 0,50 € = 50 Cent (fünfzig Cent)

5. 복합명사

das Bücherregal

die Bücher — *das* Regal

※ 복합명사의 경우, 성은 뒤의 명사를 따른다.

Übung 3 Wie finden Sie die Wohnung? 이 집은 어떤가요? 보기와 같이 문장을 만드세요.

1) die Wohnung (teuer): ______________________.
2) der Balkon (groß): Ich finde den Balkon groß.
3) der Garten (schön): ______________________.
4) die Küche (modern): ______________________.
5) das Kinderzimmer (hell): ______________________.
6) der Flur (lang): ______________________.
7) die Toilette (klein): ______________________.

Übung 4 다음의 물건들이 어디에 올 수 있는지 보기에서 골라 적으세요. 복수로 들어가는 경우도 있습니다.

• das Bett • die Dusche • der Herd • der Kühlschrank • der Schrank
• der Sessel • die Kaffeemaschine • das Sofa • der Spiegel • der Stuhl
• die Stehlampe • der Tisch • die Waschmaschine • die Mikrowelle
• das Bild • das Handtuch

Wohnzimmer	Schlafzimmer	Küche	Bad

Übung 5 아래 그림을 보고 빈칸에 알맞은 방의 이름을 보기에서 쓰세요.

•Bad •Küche •Balkon •Wohnzimmer •Schlafzimmer

Die Wohnung hat drei Zimmer, eine Küche, ein Bad und einen ________________. Rechts ist unser Bad. Das ____________________ ist leider sehr klein. Hier links ist das Zimmer von Peter. Sein Zimmer ist groß. Rechts ist unser ____________________. Unser Zimmer ist klein aber gemütlich. Links ist die Küche. Unsere ____________________ ist sehr klein, aber schön. Neben der Küche ist das Esszimmer. Unser ____________________ ist groß und modern. Unser Wohnzimmer hat einen Balkon. Der Balkon ist groß.

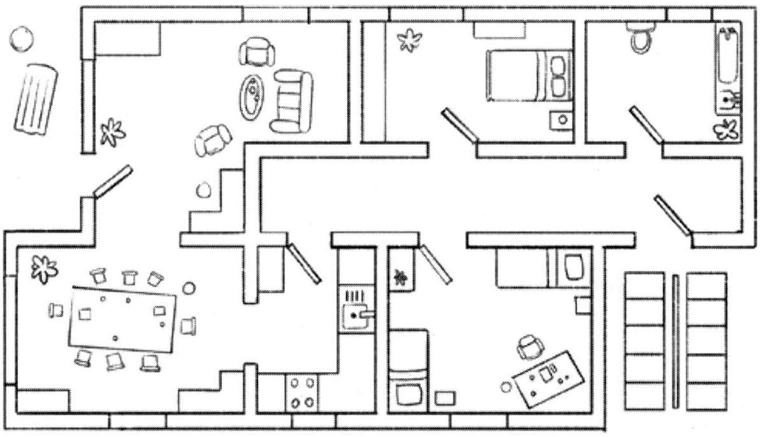

B. 문법 Grammatik

1. 4격 목적어 Akkusativ

명사는 문장내의 다른 성분과의 관계에 따라 4개의 격(주격, 소유격, 여격, 목적격)으로 구분되는데 이는 명사를 수반하는 관사나 형용사 등을 통해 표현된다. 이를 위한 문법적 정보는 독일어에서 특히 동사에 의해 대부분 결정된다.

다음은 4격 목적어 형태를 모아 놓은 것이다.

목적어		남성	중성	여성	복수
정관사	4격 (을/를)	den	das	die	die
부정관사	4격 (을/를)	einen	ein	eine	-
소유관사	4격 (을/를)	meinen	mein	meine	meine
부정사 kein	4격 (을/를)	keinen	kein	keine	keine

- Dort ist ein Sessel. Wir brauchen einen Sessel.
- Wie finden Sie den Tisch? Ich finde den Tisch zu groß.

2. 명사의 복수형

독일어 명사의 복수형은 크게 5가지로 나눌 수 있다.

		단수 Singular	복수 Plural	
i.	— ¨	das Zimmer der Vater der Apfel der Garten das Mädchen	die Zimmer die Väter die Äpfel die Gärten die Mädchen	• 어미-er, -en, -el으로 끝나는 명사 대부분 • -chen, -lein으로 끝나는 명사 항상

ii.	-e ¨e	der Tisch die Nacht	die Tische die Nächte	• 남성명사 다수 • 단음절의 여성/중성명사 일부 (das Heft, die Stadt 등)
iii.	-er ¨er	das Kind der Mann	die Kinder die Männer	• 단음절의 중성명사 • 남성명사 일부
iv.	-(e)n	die Blume die Frau die Zwiebel die Friseurin	die Blumen die Frauen die Zwiebeln die Friseur**innen**	• 대부분의 여성명사 • -nen (- in으로 끝나는 명사)
v.	-s	das Auto der VW das Hotel	die Autos die VWs die Hotels	• 어미 -a,-o,-i로 끝나는 명사 (das Sofa, der Radiergummi 등) • 축약어 • 외래어

Übung 1 다음을 복수형으로 바꾸세요.

1) der Lehrer die ___________
2) die Frage die ___________
3) die Schule die ___________
4) der Baum die ___________
5) die Uhr die ___________
6) der Preis die ___________
7) das Foto die ___________
8) der Stuhl die ___________
9) die Übung die ___________
10) das Fahrrad die ___________
11) der Supermarkt die ___________
12) der Beruf die ___________
13) das Haus die ___________
14) das Buch die ___________
15) die Tomate die ___________
16) der Tisch die ___________

Übung 2 다음을 단수형으로 바꾸세요.

1) die Männer	der _________	9) die Krankheiten	die ___________
2) die Ärzte	der _________	10) die Kinos	das ___________
3) die Hobbys	das _________	11) die Sachen	die ___________
4) die Bilder	das _________	12) die Omas	die ___________
5) die Länder	das _________	13) die Tiere	das ___________
6) die Einladungen	die _________	14) die Kiwis	die ___________
7) die Lehrerinnen	die _________	15) die Haare	das ___________
8) die Füße	der _________	16) die Toiletten	die ___________

Übung 3 보기와 같이 알맞은 정관사를 넣으세요.

1) Der Tisch ist modern! - Findest du? Ich finde _____ Tisch hässlich.
2) Oh, das Sofa ist nicht schlecht! - Na ja, ich finde **das Sofa** zu groß.
3) Wie findest du den Schrank? - Ich finde ____ Schrank super.
4) Die Stühle sind schön. Ja, ich finde ______ Stühle auch schön.

Übung 4 Was ist richtig? 알맞은 관사에 O표 하세요.

1) Ich suche ***der*** / ***den*** Kuli. ***Der*** / ***Den*** Kuli ist hier.
2) Ich habe um 9 Uhr ***ein*** / ***einen*** Termin. - Gut. Kommen Sie rein.
3) Was kostet ***der*** / ***den*** Kühlschrank? ***Der*** / ***Den*** Kühlschrank kostet 1.200 Euro.

C. 대화 Dialoge

Dialog 1 Das ist unsere Wohnung!

Peter: Das ist unsere Wohnung!
Sumi: Oh, schön! Wie groß ist die Wohnung?
Peter: Die Wohnung ist 160 Quadratmeter groß und hat drei Zimmer.
Sie ist groß und schön.
Sumi: Habt ihr auch einen Balkon?
Peter: Nein, wir haben keinen Balkon, aber einen Garten.
Ich finde den Garten aber zu klein.
Sumi: Ist die Wohnung teuer?
Peter: Nein, sie ist billig. Sie kostet nur 700 Euro.

Übung 1 위의 내용을 읽고 알맞은 답을 고르세요.

1) Die Wohnung hat vier Zimmer.
2) Der Garten ist klein.
3) Die Wohnung hat keinen Garten.
4) Die Wohnung ist teuer.

Übung 2 동사와 관련 있는 방의 이름이 서로 잘못 연결된 것을 고르세요.

1) wohnen - das Wohnzimmer
2) schlafen - das Schlafzimmer
3) kochen - die Küche
4) arbeiten - das Kinderzimmer

Übung 3 다음 광고문의 내용에서 알 수 있는 것을 고르세요.

2-Zi-Wohnung in der Altstadt
450 Euro, Küche, Dusche, ohne Möbel
ruhig und hell, 5 Min. zur U-Bahn
frei ab 01. 09. 2020
Tel. 080 123 4567 (Monika)

1) 정원이 있다. 2) 옷장이 있다.

3) 방이 두 개다. 4) 집이 지하철역에서 멀다.

Dialog 2 Was kostet das Bett?

Verkäuferin: Guten Tag, kann ich Ihnen helfen?

Herr Klein: Ja bitte. Ich brauche ein Bett und eine Lampe. Was kostet das Bett?

Verkäuferin: Das Bett kostet 230 Euro.

Herr Klein: Oh, das ist zu teuer.

Verkäuferin: Wie finden Sie die Lampe? Sie ist sehr günstig.

Herr Klein: Wie viel kostet die Lampe?

Verkäuferin: Die Lampe kostet nur 70 Euro.

Herr Klein: Sie ist schön und nicht teuer. Die nehme ich.

Übung 1 위의 내용을 읽고 알맞은 답을 고르세요.

1) Herr Klein braucht einen Tisch und eine Lampe. 2) Das Bett ist günstig.

3) Die Lampe kostet siebzehn Euro. 4) Herr Klein kauft die Lampe.

Übung 2 질문과 대답으로 바르게 짝지어진 것을 고르세요.

1) A: Wie findest du den Schrank? B: Ich finde den Schrank modern.

2) A: Wie groß ist deine Wohnung? B: Meine Wohnung ist 150qm klein.

3) A: Wie teuer ist die Lampe? B: Die Lampe kostet billig.

4) A: Was kostet die Wohnung? B: Unsere Wohnung hat drei Zimmer und einen Balkon.

Übung 3 다음 물건의 가격을 보고 친구와 대화를 나눠 보세요.

der Tisch	der Sessel	der Tisch	das Sofa	das Bett	die Lampe
80 Euro	170 Euro	30 Euro	450 Euro	120 Euro	49 Euro

• toll • super • schön • hässlich • alt • modern • klein • groß
• neu • altmodisch

Partner A	Partner B
• Was kostet der Tisch? • Wie findest du den Tisch?	• Der Tisch kostet 80 Euro. • Ich finde den Tisch schön.

Mittagessen in Deutschland

D. 연습문제 Übungen

1. 빈 칸에 알맞은 정관사를 적어 넣으세요.

1) Wo ist das Handy? - Herr Klein hat _____ Handy.

2) Peter, wo ist die Konzertkarte? - Ich habe _____ Konzertkarte auch nicht.

3) Frau Klug sucht den Kuli. _____ Kuli ist nicht hier.

4) Ich finde _____ Bilder schön. - Ja, die Bilder sind schön.

2. 다음의 텍스트를 보고 방을 스케치 해 보세요.

Hallo! Ich bin Luise. Ich wohne im Studentenwohnheim. Das ist mein Zimmer. Links ist ein Sessel und ein Tisch. Vor dem Tisch ist ein Teppich. Hinten steht ein Bücherregal. Rechts ist ein Fenster.	

3. 다음 표현을 이용하여 자신의 집에 대해 친구와 묻고 대답해 보세요.

• groß ↔ klein	• hell ↔ dunkel	• schön ↔ hässlich
• neu(modern) ↔ alt	• ruhig ↔ laut	• eng ↔ breit

Partner A	Partner B
• Hat deine Wohnung einen Balkon? einen Keller? einen Garten? eine Garage?	• Ja, meine Wohnung hat einen Balkon. • Nein, meine Wohnung hat keinen Balkon.
• Wie ist dein Zimmer?	• Mein Zimmer ist hell.
• Ist dein Zimmer groß?	• Ja, mein Zimmer ist groß, aber dunkel. • Nein, mein Zimmer ist klein, aber gemütlich.

4. 다음 빈칸을 채우세요.

______ Schreibtischlampe

_____ Schreibtisch _______ Lampe

5. 다음은 대가족 장보기 리스트입니다. 보기를 보고 알맞게 적어 넣으세요.

• das Ei • die Tomate • der Fisch • das Brötchen • der Becher Joghurt • die Flasche Bier • die Dose Ananas • der Salat • die Kartoffel • die Banane

1) 2 Kilo T____________
2) 10 Br______________
3) 5 Fi_________
4) 20 Ei________
5) 4 Be________ Joghurt
6) 1 Kilo B___________
7) 5 Fl________ Bier
8) 3 Sa_______
9) 2 Kilo K__________
10) 2 D____ Ananas

6. 해당되지 않는 것을 지우세요. Welches Wort passt nicht?

1) Küche: Herd, Spülmaschine, Kühlschrank, ~~Waschmaschine~~, Mülleimer
2) Schlafzimmer: Gardine, Bett, Spiegel, Lampe, Dusche
3) Bad: Toilette, Sofa, Badewanne, Handtuch, Seife
4) Wohnzimmer: Sofa, Sessel, Garderobe, Tisch, Stehlampe
5) Arbeitszimmer: Schreibtisch, Lampe, Esstisch, Stuhl, Regal

E. 대화문

■ *Dialog 1* 이것은 우리 집입니다.

페터: 이것은 우리 집이야.

수미: 오, 예쁘네. 집이 얼마나 크니?

페터: 집의 크기는 160평방미터이고 방이 세 개야. 집이 크고 예뻐.

수미: 집에 발코니도 있어?

페터: 아니. 발코니는 없어. 하지만 정원이 있어. 그런데 정원이 너무 작은 것 같애.

수미: 집은 비싸니?

페터: 아니, 싼 편이야. 700유로 밖에 안해.

■ *Dialog 2* 이 침대의 가격은 얼마에요?

판매원: 안녕하세요, 무엇을 도와드릴까요?

클라인 씨: 네, 감사합니다. 저는 침대와 전등이 필요해요. 이 침대의 가격은 어떻게 되나요?

판매원: 이 침대는 230유로입니다.

클라인 씨: 그렇군요. 너무 비싸네요.

판매원: 이 전등은 어떠세요? 가격이 아주 저렴해요.

클라인 씨: 이 전등은 얼만데요?

판매원: 이 전등은 70유로밖에 안됩니다.

클라인 씨: 좋네요. 그리고 비싸지도 않고요. 이 전등으로 할게요.

LEKTION 7

Was machst du am Wochenende?

A. 어휘와 표현 Wörter und Ausdrücke

1. 시각표현

※ 죄송하지만 지금 몇 시인가요? 3시입니다.

- Entschuldigung, wie spät ist es? Es ist drei.
- Entschuldigung, wie viel Uhr ist es? Es ist drei Uhr.

쓰기	읽기 (공공장소)	읽기 (공공장소 이외)
1.00 Uhr	ein Uhr / eins	ein Uhr / eins
1.15 Uhr	ein Uhr fünfzehn	Viertel nach eins
1.30 Uhr	ein Uhr dreißig	*halb zwei
1.45 Uhr	ein Uhr fünfundvierzig	Viertel vor zwei

*'1시 30분'은 'halb zwei'라고 읽는다. 마찬가지로 '7시 30분'은 공식적 읽기는 'sieben Uhr dreißig', 비공식적 읽기는 'halb acht'이다.

※ 하루시간

der Morgen	der Vormittag	der Mittag	der Nachmittag	der Abend	die Nacht
아침	오전	정오	오후	저녁	밤

※ 요일 Wochentage

der Montag	der Dienstag	der Mittwoch	der Donnerstag	der Freitag
월요일	화요일	수요일	목요일	금요일
der Samstag	der Sonntag	das Wochenende	der Freitagabend	der Dienstagvormittag
토요일	일요일	주말	금요일 저녁	화요일 오전

※ (시간을 나타내는)전치사

im	am	um(시간)	X
• im Frühling, im Sommer, im Herbst, im Winter • im Januar, im Februar, ...	• am Montag, am Dienstag, am Mittwoch, am Donnerstag, am Freitag, am Samstag, am Sonntag • am Wochenende • am Morgen, am Vormittag, **!! in der** Nacht • am 24.12.	um 7 Uhr um Mitternacht	연도: 2019, 1998

2. 하루 일과

> Wann? 언제
> Um wie viel Uhr? 몇 시에
> von ~ bis ~ ~부터 ~까지

- Wann stehst du auf? Ich stehe um 6 Uhr auf.
  너는 언제 일어나니? 6시에 일어나.
- Um wie viel Uhr frühstückst du? Ich frühstücke um 8 Uhr.
  몇 시에 아침식사 해? 8시에.
- Von wann bis wann arbeitest du? Ich arbeite von 9 Uhr bis 17 Uhr.
  언제부터 언제까지 일해? 9시부터 오후 5시 까지.
- Wann isst du zu Mittag? Ich esse um 12 Uhr zu Mittag.
  언제 점심식사 해? 12시에.
- Wann machst du Sport? Ich gehe um 18 Uhr schwimmen.
  언제 운동해? 저녁 6시에 수영하러 가.
- Wann gehst du ins Bett? Ich gehe um 23 Uhr ins Bett.
  언제 자러 가니? 밤 11시에.

Übung 1 Was macht man wann? 언제 무엇을 하는게 좋을지 적어 넣어 보세요.

• aufstehen • fernsehen • einkaufen • aufräumen • frühstücken • Freunde treffen • Zeitung lesen • in der Kantine essen • schlafen

am Morgen: ___________, _________________ am Mittag: ___________

am Abend: _____________, _________________ am Vormittag: ________

am Nachmittag: ___________, ________________ in der Nacht: _________

Übung 2 빈칸에 알맞은 전치사를 보기에서 골라 쓰세요.

• im • am • um • --

1) ____ August 2) ____ Freitag 3) ____ 4.11. 4) ____ 2005

5) ______ 19.45 Uhr 6) ____ Herbst 7) ____ Wochenende

8) ____ April 9) ____ Freitagabend 10) _____ 15. Mai

Übung 3 빈칸에 알맞은 말을 보기에서 골라 쓰세요.

• am • um • von ~ bis ~

A: Was machst du ____ Freitag?

B: Ich habe ____ neun ______ zwölf Uhr Deutschkurs.

A: Gehen wir zusammen ins Kino?

B: Ja, gern. Wann?

A: ____ drei.

B. 문법 **Grammatik**

1. 시간 묻기

A: Wie spät ist es?

B: Es ist neun Uhr.

	공공장소	일상생활
1.00	ein Uhr	ein Uhr / eins
1.15	ein Uhr fünfzehn	Viertel nach eins
13.30	dreizehn Uhr dreißig	*halb zwei
13.45	dreizehn Uhr fünfundvierzig	Viertel vor zwei
14.20	vierzehn Uhr zwanzig	zehn vor halb drei/ zwanzig nach zwei
14.25	vierzehn Uhr fünfundzwanzig	fünf vor halb drei
14.35	zwei Uhr fünfunddreißg	fünf nach halb drei
14.40	zwei Uhr vierzig	zehn nach halb drei/ zwanzig vor drei

2. 분리동사

분리동사는 분리전철과 동사로 구성되며, 실제 문장에서 분리전철은 흔히 문장의 맨 뒤에 위치한다.

		Position2		Ende
auf|stehen	Ich	**stehe**	um 7 Uhr	**auf.**
aus|sehen	Die Blume	**sieht**	schön	**aus.**
ein|kaufen	Er	**kauft**		**ein.**
ein|steigen	Ich	**steige**		**ein.**
aus|steigen	Er	**steigt**		**aus.**

※ 자주 사용되는 분리 전철은 다음과 같다.

ab-, an-, auf-, aus-, ein-, mit-, vor-, um-, zu-

※ 분리 동사는 분리 전철에 강세가 있다.

전철: **ein**kaufen

Übung 1 보기에서 알맞은 단어를 골라 빈칸에 분리전철을 적어 넣으세요.

• anfangen • umsteigen • ankommen • aussteigen • zumachen • einsteigen • aufmachen • hereinkommen

1) Ich steige an der Station “Rathaus” in die U9 ______.
2) An der Station “Kantstraße” steige ich ____ und nehme die U4.
3) Am Hauptbahnhof steige ich ______.
4) Pünktlich um 9 Uhr komme ich im Büro _______.
5) Zuerst mache ich das Fenster _______.
6) Mein Kollege kommt ______ und sagt:
7) Es ist kalt hier. Machen Sie bitte das Fenster _____.
8) Nun fange ich mit der Arbeit _______.

Übung 2 Eva Meier씨의 하루입니다. 알맞은 동사를 적어 보세요.

• aufräumen(치우다) • vorbereiten(준비하다) • ausmachen(끄다) • einkaufen(장보다) • einschlafen(잠들다) • abholen(데리고 오다) • ~~aufwecken(깨우다)~~ • aufhören(끝나다) • fernsehen(TV를 보다) • abwaschen (설거지 하다) • anfangen(시작하다)

1) Um 7 Uhr weckt Eva die Kinder auf.
2) Dann ___________ sie das Frühstück ______.
3) Nach dem Frühstück _________ sie die Küche _______.
4) Um 9 Uhr ________ sie mit ihrer Arbeit im Büro _______.
5) Um 14 Uhr fährt sie nach Hause und _________ ihre Tochter vom Kindergarten _____.
6) Am Nachmittag _______ sie im Supermarkt ______.
7) Ihre Kinder _____ im Wohnzimmer ____ und sie sagt: “Ihr _____ bitte den Fernseher ____.”

8) Sie essen mit den Kindern zu Abend und nach dem Essen _______ sie das Geschirr _____.

9) Dabei denkt sie:“ Dieser Tag _________ ja nie ______!”

10) Um 23 Uhr liegt sie endlich im Bett und _______ bald ______.

Übung 3 알맞은 것을 서로 연결해 보세요.

1) zwölf Uhr zehn	19:50	halb elf
2) zehn Uhr dreißig	07:15	zehn nach zwölf
3) sieben Uhr fünfzehn	21:25	fünf vor halb zehn
4) neunzehn Uhr fünfzig	12:10	Viertel nach sieben
5) einundzwanzig Uhr fünfundzwanzig	10:30	zehn vor acht

Übung 4 다음은 Eva의 하루 일과입니다. 빈칸을 알맞게 채워 보세요.

aufstehen → frühstücken → zur Arbeit gehen → arbeiten → eine Pause machen → einkaufen → aufräumen → kochen → anrufen → fernsehen → ins Bett gehen

Eva steht früh auf. Um 7 Uhr frühstückt sie. Um 9 Uhr geht Eva ________. Sie arbeitet von 9 Uhr bis 16 Uhr. Um 15 Uhr _______ sie eine Pause und geht mit Kollegen einen Kaffee trinken. Sie _______ im Supermarkt ein. Am Nachmittag räumt sie die Wohnung ______. Um 17 Uhr kocht sie dann das Abendessen. Am Abend ______ sie ihre Freundin Petra ___. Nach dem Abendessen ______ sie fern. Um 23 Uhr geht sie ____________.

C. 대화 Dialoge

Dialog 1 Was machst du am Wochenende?

Sumi: Hallo, Karl! Was machst du am Wochenende?

Karl: Am Wochenende stehe ich um 11 Uhr auf und frühstücke. Dann gehe ich schwimmen. Am Nachmittag gehe ich spazieren. Und am Abend kaufe ich ein und koche.

Übung 1 위의 내용을 읽고 맞으면 Richtig, 틀리면 Falsch에 (0)표하세요.

1) Am Wochenende steht Karl um 11 Uhr auf. Richtig( ) Falsch( )
2) Am Abend geht er schwimmen. Richtig( ) Falsch( )
3) Am Wochenende frühstückt er nicht. Richtig( ) Falsch( )
4) Am Abend kauft er ein und kocht. Richtig( ) Falsch( )

Übung 2 Karl이 무엇을 하는지 문장으로 만들어 보세요.

Am Wochenende steht Karl ____

____.

Dialog 2 Gehen wir zusammen ins Kino?

Sumi: Was machst du heute Nachmittag?

Karl: Keine Ahnung.

Sumi: Gehen wir zusammen ins Kino?

Karl: Gute Idee! Wann treffen wir uns? Um fünf?

Sumi: Fünf Uhr ist zu spät. Der Film fängt schon um halb sechs an.

Karl: Treffen wir uns dann um vier?

Sumi: Vier ist gut.

Karl: Ok. Tschüss, bis dann!

Übung 1 위의 내용을 읽고 질문에 알맞은 답을 고르세요.

1) Was möchten Karl und Sumi machen?

a. ins Kino gehen b. Peter treffen c. Kaffee trinken d. Sport machen

2) Wann fängt der Film an?

a. 4:30 b. 3:30 c. 5:30 d. 2:30

3) Wann treffen sie sich?

a. um 12 Uhr b. um 14 Uhr c. um 15 Uhr d. um 16 Uhr

Übung 2 다음은 Sumi의 1주 계획표입니다. 틀린 것을 고르세요.

Am Montag macht Sumi von vier bis fünf Uhr Hausaufgaben. Am Dienstag lernt sie von vier bis sechs Uhr Deutsch. Am Mittwoch trifft sie um drei Uhr mit Eva. Am Donnerstag räumt sie ihr Zimmer auf.

1) am Montag: von vier bis fünf Uhr Hausaufgaben machen

2) am Dienstag: von vier bis sechs Uhr Deutsch lernen

3) am Mittwoch: um fünf Uhr mit Eva treffen

4) am Donnerstag: Zimmer aufräumen

D. 연습문제 Übungen

1. 다음 문장 중 틀린 것을 고르세요.

1) Mina steht am Montag um 8 Uhr auf.

2) Mina kauft heute im Supermarkt ein.

3) Mina holt um 16 Uhr die Kinder von der Schule ab.

4) Mina fernsieht am Abend.

2. 다음 시간 중 잘못된 표현을 고르세요.

1) 13.50 - zehn vor zwei　　2) 22.15 - Viertel nach zehn

3) 19.35 - fünf nach halb acht　　4) 6.30 - halb sechs

3. 보기와 같이 질문에 답하세요.

Wann kommt der Bus? (7.15 Uhr)	Um Viertel nach sieben.

1) Wann fängt das Kino an? (8.45 Uhr)

_______________________________________.

2) Wie lange muss du morgen arbeiten? (9-18Uhr)

_______________________________________.

3) Wie spät ist es? (4.35 Uhr)

_______________________________________.

4. 다음 표현들을 가지고 문장들을 완성하세요.

Vera hat eine Woche Ferien. Was hat sie alles vor?

1) jeden Morgen um 8.30 Uhr aufstehen	Vera
2) oft ins Schwimmbad gehen	Sie

3) am Dienstagabend ins Theater gehen	Sie
4) Ella und Rudi treffen	Sie
5) viel spazieren gehen	Sie
6) am Samstag ausgehen	Am Samstag geht sie
7) am Sonntagnachmittag mit Tilla einkaufen	Am Sonntagnachmittag

5. 올바른 문장을 만들어 보세요.

1) ein Formular – Peter – ausfüllen : Peter füllt ein Formular aus.

2) die Deutschkurse – anfangen – um neun Uhr: ____________________

3) Tom – sein Zimmer – aufräumen: ____________________

4) Marie – fernsehen – nicht gern: ____________________

5) einkaufen – ich – heute mit Karin: ____________________

6. 빈칸에 'am' 또는 'um'을 넣어 보세요.

1) A: Ich mache _____ Samstag eine Party. Kommst du?

B: Ja, gern. Wann denn?

A: _____ acht.

2) A: Guten Tag. Ich komme zum Deutschkurs.

B: Aber der Kurs fängt erst _____ neun Uhr an.

3) A: _____ Nachmittag spiele ich immer Fußball.

B: Jeden Nachmittag? Toll!

7. 빈칸에 들어갈 말을 순서대로 바르게 배열한 것을 고르세요.

A: Hallo, Klaus! Gehen wir zusammen ins Theater?

B: ____

A: ____

B: ____

A: ____

B: ____

① Am Samstag. Das Theater ist von 15 bis 17 Uhr.

② Ja, gern, wann denn?

③ Um halb zwei?

④ Okay. Dann bis Samstag.

⑤ Ja, das geht. Um wie viel Uhr treffen wir uns?

1) ⑤ ② ① ④ ③　　2) ② ④ ③ ① ⑤

3) ② ① ⑤ ③ ④　　4) ① ② ⑤ ④ ③

Fußgängerzone, Heidelberg

E. 대화문

■ ***Dialog 1*** **주말에 뭐하니?**

수미: 안녕, 카를! 너는 주말에 뭐하니?

카를: 주말에 난 11시에 일어나 아침을 먹어. 그리고 나서 수영하러가. 오후에는 산책해. 그리고 저녁에는 장을 보고 음식을 해.

■ ***Dialog 2*** **같이 영화 보러 갈래?**

수미: 너 오늘 오후에 뭐하니?

카를: 글쎄, 모르겠네.

수미: 같이 영화 보러 갈래?

카를: 좋은 생각이야. 그럼 우리 언제 만날까? 5시 어때?

수미: 5시는 너무 늦어. 영화가 벌써 5시 반에 시작하는걸.

카를: 그럼 우리 4시에 만날까?

수미: 4시가 좋겠다.

카를: 그래 좋아. 안녕, 그럼 이따가 보자.

LEKTION 8

Auf dem Markt

A. 어휘와 표현 Wörter und Ausdrücke

1. 어휘

1) 아래의 어휘들을 사전에서 찾아 뜻을 적어보세요.

der Paprika ______	der Reis ______	das Joghurt ______	die Erdbeere ______	der Wein ______
die Butter ______	das Bier ______	das Fleisch ______	der Orangensaft ______	die Banane ______
die Tomate ______	der Tee ______	die Orange ______	das Mineralwasser ______	die Zwiebel ______
der Salat ______	der Apfel ______	die Cola ______	das Rindfleisch ______	die Milch ______
der Kaffee ______	die Kartoffel ______	das Brot ______	die Schokolade ______	der Fisch ______
der Käse ______	das Ei ______	die Wurst ______	das Hähnchen ______	der Zucker ______
das Mehl ______	die Banane ______	das Öl ______	das Schweinefleisch ______	die Nudel ______
die Gurke ______	der Essig ______	das Salz ______	die Marmelade ______	die Karotte ______

2) 위의 단어들을 분류하여 아래에 적어 보세요.

Obst 과일	Gemüse 채소	Milchprodukte 유제품	Fleisch & Wurst 고기류와 소시지	Getränke 음료	Sonstiges 기타
Tomate					

※ Wo kaufe ich was? 어디서 무엇을 살까요?

Ich kaufe Obst im Supermarkt. 나는 과일을 슈퍼에서 삽니다.

Ich kaufe Brot in der Bäckerei. 나는 빵을 제과점에서 삽니다.

Fleisch und Wurst kaufe ich in der Metzgerei. 고기와 소시지는 정육점에서 삽니다.

2. 표현

1) 장보기

Verkäufer (판매원)	Kunde (손님)	
A: Was darf es sein? Sie wünschen?/Bitte schön? Sonst noch etwas?	B: Ich hätte gern Ich nehme Ich brauche Ich möchte Geben Sie mir bitte	2 Kilo Kartoffeln einen Liter Milch 300g Bergkäse eine Flasche Rotwein ...

• Was darf es sein? Ich hätte gern 2 Kilo Kartoffeln.

2) 단위

1 Liter(1 l)	리터	2 Liter	kein Plural: 100 Gramm Wurst 2 Kilo Tomaten
1 Gramm(1 g)	그램	100 Gramm	
1 Kilo(1 kg)	킬로	2 Kilo	
1 Flasche	병	2 Flaschen	Plural: 2 Flaschen Bier
1 Dose	캔	2 Dosen	
1 Becher	컵	2 Becher	
1 Packung	팩	2 Packungen	
1 Stück	개	2 Stück	

A: Entschuldigung, was kostet eine Flasche Rotwein?

B: 6,90 Euro.

Übung 1 Einkaufen. 다음은 슈퍼마켓의 상품 전단지입니다. 가격을 보고 빈칸을 채우세요.

Supermarkt Müller		
Milch 1,5 % Fett 1,39 €/1 l Flasche	Thunfisch 1,39 € / 1 Dose	Pflanzenöl 2,99 €/1 l Flasche
Zucker 0,79 €/1 kg Packung	Margarine 1,69 € / 500 g Packung	Gurke 1,29 €/1 Stück
Marmelade 2,49 €/350 g Glas	Apfelsaft naturtrüb 0,89€/1l Packung	Tomaten 1,69 € /1 kg Beutel
Joghurt 0,49 €/200 g Becher	Mineralwasser, mit Kohlensäure 12,10€ / 24x500 ml Kiste	Zwiebeln 2,49€/1 kg Beutel

1) A: Was kostet eine Flasche Apfelsaft? B: Neunundachtzig Cent.

2) A: Was kosten drei Stück Gurken? B:

3) A: Was kosten vier Becher Joghurt? B:

4) A: Was kosten zwei Kisten Mineralwasser? B:

5) A: Was kostet ein Glas Marmelade? B:

Übung 2 위의 전단지를 보고 보기와 같이 빈칸을 채우세요.

	Milch	Marmelade	Zucker	Zwiebeln
Verpackung	die Flasche			
g/kg/l	Liter			

Übung 3 Wo kann man einkaufen? 다음 글을 읽고 빈칸을 채워 보세요.

Am Abend lade ich meine Freunde zum Essen ein, ich will koreanisch kochen. Ich gehe am Nachmittag einkaufen. Ich brauche Gemüse, Reis, Öl, Brot und Rindfleisch. Den Reis und das Öl kaufe ich im Supermarkt, das Brot in der

Bäckerei, das Fleisch in der Metzgerei und das Gemüse auf dem Markt.

1) In der Bäckerei kann ich ______________________ kaufen.

2) Im Supermarkt kann ich _______________________ kaufen.

3) In der Metzgerei kann ich _______________________ kaufen.

4) Auf dem Markt kann ich ________________________ kaufen.

Übung 4 보기에서 냉장고에 들어가야 할 물건을 골라 적으세요.

•das Rindfleisch • die Butter • das Öl • die Nudel • die Milch • das Joghurt •das Ei •die Kartoffel •die Schokolade • das Salz • die Wurst • der Apfel

__________________, __________________, __________________,

__________________, __________________, __________________

Übung 5 해당되는 것을 오른쪽에서 골라 빈칸에 적으세요.

1) Möchten Sie _____	A: Appetit!
2) Nein, danke. Ich _____	B: bin satt.
3) Danke, das schmeckt _____	C: noch etwas?
4) Guten _____	D: sehr gut!
5) Die Suppe _____	E: ist wirklich lecker.

B. 문법 Grammatik

1. 비교급과 최상급 'viel - gut - gern'

	비교급	최상급
viel	mehr	am meisten
gut	besser	am besten
gern	lieber	am liebsten

- Theaterkarten kosten **mehr als** Kinokarten, **am meisten** kosten die Karten für die Oper.
  연극티켓은 극장티켓 보다 비싸다. 가장 비싼 티켓은 오페라 티켓이다.
- Ich finde, Schweinefleisch mit Reis schmeckt **gut**. Currywurst mit Pommes schmeckt **besser**. Ich finde, Schnitzel schmeckt **am besten**.
  나는 돼지고기와 밥이 맛있어. 커리부르스트와 감자튀김이 더 맛있어. 난 슈니첼이 가장 맛있더라.
- Ich esse **gern** Fleisch. Petra isst **lieber** Salat **als** Fleisch. **Am liebsten** isst sie Tomaten. 나는 고기를 좋아해. 페트라는 고기보다 샐러드를 더 좋아해. 그녀가 가장 좋아하는 것은 토마토야.

2. 동사 'möchten' & 'mögen'

	möchten	mögen
ich	möchte	mag
du	möchtest	magst
er/sie/es	möchte	mag
wir	möchten	mögen
ihr	möchtet	mögt
sie(Sie)	möchten	mögen

Ich **möchte** bitte eine Pizza und einen Orangensaft. (기호, 희망)

Heute Abend **möchte** ich ins Kino gehen. (계획, 의도)

Ich **mag** keinen Fisch, kein Fleisch, keine Wurst und keine Schokolade. (기호)

Übung 1 해당되는 비교급을 보기에서 골라 쓰세요.

• am liebsten • besser • lieber • mehr • am besten • besser • mehr

1) Ich gehe heute einkaufen. Ich habe heute ________ Zeit als du.
2) Was ist dein Lieblingssport? ________________ spiele ich Fußball.
3) Guno singt ganz gut, aber Peter singt __________.
4) Trinkst du gern Bier? Ja, aber Wein trinke ich _____________.
5) Meine Frau verdient viel Geld, aber ich verdiene _________.
6) Fleisch schmeckt gut, aber Fisch schmeckt ________ als Fleisch. Und ____________ schmeckt Nudeln.

Übung 2 'mögen' oder 'möchten'? 해당되는 화법조동사를 적어 넣으세요.

1) A: Guten Tag, was _____________ Sie?

   B: Ich __________ bitte ein Hähnchen mit Salat und er _______ eine Pizza.

   A: Gerne. Und was __________ Sie trinken?

   C: Ich nehme ein Mineralwasser und sie ____________ einen Orangensaft.
2) A: Isst Peter auch Salat? B: Nein, er _____ keinen Salat.
3) A: Manuel, _________ du Brot? B: Ja, ich esse morgens und abends Brot.
4) A: Wir _________ gerne bezahlen. B: Ja, gern. Einen Moment, bitte.

C. 대화 Dialoge

Dialog 1 Auf dem Markt

Verkäufer:	Guten Tag, was darf es sein?
Frau Meier:	Ich hätte gern ein Kilo Bananen, bitte.
Verkäufer:	Darf es sonst noch etwas sein?
Frau Meier:	Ja, ich brauche noch Tomaten.
Verkäufer:	Die Tomaten hier sind aus Italien. Sie sind nicht billig.
Frau Meier:	Ich nehme dann nur ein Kilo.
Verkäufer:	Hier bitte. Noch etwas?
Frau Meier:	Danke. Das ist alles. Was kostet das?
Verkäufer:	Das macht zusammen 14,10 Euro.
Frau Meier:	Ich habe 20 Euro.
Verkäufer:	Und 5,90 Euro zurück.
Frau Meier:	Danke. Auf Wiedersehen.
Verkäufer:	Auf Wiedersehen.

Übung 1 위의 내용을 읽고 알맞은 답을 고르세요.

1) Wo ist Frau Meier?

a. auf dem Markt b. im Supermarkt c. in der Bäckerei d. in der Metzgerei

2) Was kauft Frau Meier? ______________________________.

3) Sind die Tomaten billig? ______________________________.

4) Wie viele Tomaten kauft Frau Meier ? ________________________.

5) Was kostet das zusammen? ____________________________.

Übung 2 다음 빈칸에 들어갈 낱말을 보기에서 골라 적어 넣으세요.

• zurück • Flasche • Sonst • Käse • Gramm • macht • kosten

Verkäuferin: Guten Tag. Bitte schön?

Frau Meier: Guten Tag. Was kostet der ______ da?

Verkäuferin: 100 Gramm _______ 4,50 Euro.

Frau Meier: Der ist aber teuer. Welcher Käse ist heute billig?

Verkäuferin: Der Bergkäse.

Frau Meier: Dann nehme ich 200 ______ Bergkäse, bitte.

Verkäuferin: _______ noch etwas?

Frau Meier: Ja. Ich brauche noch eine _______ Rotwein.

Verkäuferin: Eine Flasche Rotwein. Sonst noch etwas?

Frau Meier: Nein danke.

Verkäuferin: Das ______ 23,40 Euro.

Frau Meier: Bitte. 30 Euro.

Verkäuferin: Und 6,60 Euro _________ .

Dialog 2 Was essen Sie gern?

Sumi: Was isst du gern zum Frühstück?

Peter: Zum Frühstück esse ich Brot mit Schinken. Und du?

Sumi: Schinken mag ich nicht, ich esse lieber Brot mit Marmelade.

Peter: Meine Kinder essen gern Käsebrötchen mit Milch.

Sumi: Trinkst du auch gern Milch?

Peter: Nein, meine Frau und ich trinken gern Kaffee mit Milch.

Übung 1 위의 내용을 읽고 알맞은 답을 고르세요.

1) Was isst Peter zum Frühstück?

a. Käsebrötchen b. Brot mit Schinken c. Brot mit Marmelade d. Butterbrot

2) Was mag Sumi nicht?

a. Schinken b. Käse c. Milch d. Kaffee

3) Was essen die Kinder von Peter gern?

a. Brot mit Marmelade b. Brot mit Schinken c. Kaffee d. Käsebrötchen

Übung 2 빈칸에 공통으로 들어갈 알맞은 답을 고르세요.

A : Hast du _________, Norbert?

B : Ja, ich habe großen _______.

A : Was möchtest du essen?

B : Brot mit Schinken und Käse, bitte!

1) Hunger 2) Durst 3) Kuchen 4) Zeit

Übung 3 보기에서 알맞은 단어를 골라 빈칸을 채우세요.

1) • koche • Mittags • Wochenende • Kuchen • mögen

Zum Frühstück esse ich Brötchen mit Butter und Käse. Am _________ frühstücke ich nicht. _________ kaufe ich einen Döner. Am Nachmittag mögen wir gern ____________ und Kaffee. Am Abend _________ ich oft. Wir __________ gerne Fleisch mit Reis.

2) • satt • gleichfalls • Möchtet • Schmeckt's

A: Guten Appetit!

B: Danke, _________________!

A: ________________?

B: Ja, das schmeckt sehr gut!

A: _________ ihr noch ein Würstchen?

B: Nein, danke, ich bin ________.

D. 연습문제 Übungen

1. 글의 내용과 일치하지 않는 것을 고르세요.

Peter und Lisa leben zusammen. Abends essen sie zusammen. Peter kocht gern. Lisa kocht einmal in der Woche. Am liebsten macht sie Schnitzel. Peter findet das nicht gut. Er isst kein Fleisch.

1) Peter는 육식을 좋아한다.
2) Lisa는 일주일에 한 번 요리를 한다.
3) Peter와 Lisa는 저녁을 함께 먹는다.
4) Lisa가 가장 즐겨 하는 요리는 슈니첼이다.

2. 다음 문장 중 틀린 것을 고르세요.

1) Was schmeckt dir am besten? Nudeln oder Reis?
2) Laura mag besser Schokolade als Chips.
3) Ich trinke am liebsten Cola.
4) Nach dem Essen trinken wir gern noch einen Kaffee.

3. 빈칸에 들어갈 말을 〈보기〉에서 찾아 순서대로 바르게 배열한 것은?

A : Ich gehe in den Supermarkt. Brauchst du etwas?
B :
A :
B :

<보기>
a. Ist das alles?
b. Ich brauche ein Stück Butter.
c. Ich hätte gern noch eine Tafel Schokolade.

1) a - b - c 2) a - c - b 3) b - a - c 4) b - c - a

4. 해당되는 비교급을 보기에서 골라 쓰세요.

• Am liebsten • besser • lieber • mehr

1) Gefällt dir der rote Pullover? - Gar nicht. Der blaue Pullover gefällt mir _________.

2) Gehen wir heute Abend ins Kino? - Bleiben wir doch _________ zu Hause. Ich bin müde.

3) Was ist dein Lieblingshobby? - _______________ spiele ich Tennis. Und du?

4) A: Kannst du heute einkaufen gehen? Du hast heute _________ Zeit als ich!
B: Leider kann ich nicht. Ich muss heute viel arbeiten.

5. 다음 중 잘못 포함된 것을 고르세요.

1) Obst: Erdbeere - Banane - Weintraube - Kiwi

2) Gemüse: Paprika - Zwiebel - Kartoffel - Karotte

3) Milchprodukte: Butter - Käse - Öl - Joghurt

4) Fleisch und Wurst: Rindfleisch - Schweinefleisch - Wurst - Hähnchen

6. Schreiben Sie die Dialoge. 보기에서 골라 대화문을 완성하세요.

• Ich hätte gern 300g Hackfleisch. • ~~Was darf es sein?~~ • 6,50 Euro. • Ja, kein Problem. Wie viel kostet das? • Darf es etwas mehr sein?

Verkäufer: Was darf es sein?

Kunde: ________________________________

Verkäufer: ______________________________

Kunde: ________________________________

Verkäufer: ______________________________

7. 내용을 읽고 맞으면 Richtig, 틀리면 Falsch에 (0)으로 표시하세요.

Supermarkt Müller Öffnungszeiten täglich: von 9.00 - 22.00 Uhr samstags: 9.00 - 18.00 Uhr	***Bäckerei Schmitt*** Jeden Morgen von 7~12 Uhr Frische Brötchen Außerdem: Kaffee, Cappuccino, Espresso zum Mitnehmen

1) Am Donnerstag können Sie im Supermarkt einkaufen. Richtig( ) Falsch( )

2) In der Bäckerei kann man Kaffee trinken. Richtig( ) Falsch( )

3) Man kann am Nachmittag frische Brötchen holen. Richtig( ) Falsch( )

8. 다음 질문에 알맞은 것을 고르세요.

1) Was möchten Sie?

a. Ich hätte gern Bananen. b. Ja, das ist alles. c. Ich habe Äpfel

2) Haben Sie noch einen Wunsch?

a. Nein, bitte. b. Ja, prima. c. Nein, danke.

3) Was kostet ein Kilo Weintrauben?

a. Das macht zusammen 3,50 €. b. 3,50 € zurück. c. 3,50 €

4) Ist heute Wurst im Angebot?

a. Ja, Wurst ist heute sehr günstig.

b. Ja, unsere Wurst schmeckt heute sehr gut.

c. Ja, unsere Wurst ist etwas teuer, aber sehr gut.

E. 대화문

■ **Dialog 1 시장에서**

판매원: 안녕하세요, 무엇을 도와드릴까요?

마이어 부인: 바나나 1kg주세요.

판매원: 그리고 더 필요하신 것 있으세요?

마이어 부인: 네, 토마토도 필요해요.

판매원: 여기 이 토마토는 이탈리아산입니다. 그래서 값이 싸지는 않답니다.

마이어 부인: 그럼 1kg만 주세요.

판매원: 여기 있어요. 또 필요한 거 있나요?

마이어 부인: 고마워요. 다 샀어요. 모두 얼마죠?

판매원: 모두 합쳐서 14유로 10센트네요.

마이어 부인: 여기 20유로 입니다.

판매원: 그럼 거스름돈 5유로 90센트 여기 있습니다.

마이어 부인: 고마워요. 안녕히 계세요.

판매원: 안녕히 가세요.

■ **Dialog 2 뭘 즐겨 드세요?**

수미: 너는 아침에 주로 뭘 먹니?

페터: 난 아침에 주로 빵과 햄을 먹어. 너는?

수미: 난 햄을 싫어해, 빵에 잼을 발라먹는 걸 좋아하지.

페터: 우리 아이들은 치즈 빵과 우유를 좋아해.

수미: 너도 우유 좋아하니?

페터: 아니, 나와 내 아내는 밀크커피를 좋아해.

Lektion 9

Guten Appetit!

A. 어휘와 표현 Wörter und Ausdrücke

1. 식당에서

1) 음료 주문하기

Kellner: Was möchten Sie trinken? 음료수는 무엇으로 하시겠어요?

Gast: Ich hätte gern ein Bier, bitte. 맥주 주세요.

Kellner: Ein großes oder kleines Bier? 큰 걸로요, 작은 걸로요?

Gast: Ein großes, bitte. 큰 걸로 주세요.

Kellner: Kommt sofort. 바로 가져다 드리겠습니다.

2) 식사 주문하기

Kellner: Bitte schön!/Haben Sie schon gewählt?
무엇을 드시겠어요?/고르셨나요?

Gast: Ja, ich nehme die Kartoffelsuppe und das Schnitzel.
네, 감자스프와 슈니첼이요.

Kellner: Sehr gerne. 네, 알겠습니다.

3) 디저트 주문하기

Kellner: Hat es Ihnen geschmeckt? 맛은 어떠셨나요?

Gast: Ja, das Essen war sehr lecker. 네, 아주 맛있게 먹었습니다.

Kellner: Möchten Sie noch eine Nachspeise oder einen Espresso?
디저트나 에스프레소 드시겠어요?

Gast: Ja, sehr gern. Ich hätte noch gern ein Eis. 네, 좋아요. 아이스크림 부탁합니다.

4) 계산하기

Gast: Entschuldigung, kann ich bitte zahlen? 계산할게요.

Kellner: Ja, natürlich. Das macht 26,90 €. 네, 모두 26,90 유로입니다.

Gast: 29 €, bitte. 여기 29 유로입니다.

Kellner: Vielen Dank. 감사합니다.

2. 레시피

• kochen 끓이다	• schneiden 자르다	• backen (빵류) 굽다
• würzen 양념하다	• schälen 껍질을 까다	• braten (고기류) 굽다

Übung 1 보기에서 알맞은 단어를 골라 빈칸을 채우세요.

- Nudeln ________________.
- Zwiebel und Tomaten ______________.
- in Öl ________________.
- mit Salz und Pfeffer ________________.

Übung 2 다음을 올바른 대화문이 되도록 번호를 적어 넣으세요.

Dialog A	Dialog B
__ A: Und möchten Sie etwas essen?	__ A: Und für Sie?
__ A: Gern, danke.	__ B: Ja,für mich bitte Pizza Funghi.
_1_ A: Was möchten Sie trinken?	__ C: Für mich nichts, danke.
__ B: Ja, ich hätte gern eine Zwiebelsuppe und einen Salat.	__ A: Möchten Sie auch etwas essen?
__ B: Ich nehme eine Limonade.	__ B: Ich hätte gern einen Kaffee.
	_1_ A: Hallo. Was möchten Sie?
	__ C: Und für mich eine Cola, bitte.

B. 문법 **Grammatik**

1. 'essen' 동사의 변화

essen			
ich	esse	wir	essen
du	**isst**	ihr	esst
er/sie	**isst**	sie	essen

2. 'Ja'/'Nein' 의문문

- Kommen Sie heute? (긍정 질문)
  Ja, ich komme heute Abend. (긍정 대답)
  Nein, ich kann heute nicht. (부정 대답)

- Kommen Sie heute nicht? (부정 질문)
  Doch, ich komme heute Abend. (긍정 대답)
  Nein, ich kann heute nicht. (부정 대답)

- Haben Sie **keine** Kinder? (부정 질문)
  Doch, ich habe ein Kind. (긍정 대답)
  Nein, ich habe keine Kinder. (부정 대답)

3. 인칭 대명사(2)

인칭 대명사는 명사를 대신하여 쓰이며, 명사와 마찬가지로 성(남성, 여성, 중성), 수(단수, 복수), 격(1격, 3격, 4격)이 있다.

1격 (~는,~가)	3격 (~에게)	4격 (~을, ~를)
ich	mir	mich
du	dir	dich
er	ihm	ihn
sie	ihr	sie
es	ihm	es
wir	uns	uns
ihr	euch	euch
sie/Sie	ihnen/Ihnen	sie/Sie

- Der Mann liebt die Frau. Er liebt sie.
- Sie bringt ihm ein Stück Kuchen.
- Wie geht es Ihnen? Es geht mir gut.
- Gehst du mit mir ins Kino? Ja, ich gehe mit dir ins Kino.

4. 3격 지배 동사

독일어에는 3격을 지배하는 동사들이 있다. 이 그룹의 동사들의 수는 많지 않으며 대개 행동을 받는 인물로 3격이 나타난다.

• helfen 돕다 • gefallen 마음에 들다 • stehen 어울리다 • gehören ~의 것이다
• fehlen 없다, 아프다 • passen (옷)이 꼭 맞다 • schmecken 입맛에 맞다

- Die Jacke gefällt mir. 그 자켓은 내 맘에 들어.
- Was fehlt dir? 어디가 아프니?
- Schmeckt dir die Pizza? 이 피자 맛있니?

Übung 1 'Ja', 'nein' oder 'doch'! 해당되는 것을 적어 넣으세요.

• Sind Sie Frau Müller?	1)	a. Ja, seit zwei Jahren.
• Lernen Sie Deutsch?	2)	b. Doch, aber ein bisschen später.
• Spielen Sie Klavier?	3)	c. Ja, ich bin schon im B1 Kurs.
• Kommen Sie nicht zum Essen?	4)	d. Nein, mein Name ist Meier.

Übung 2 다음 빈칸에 'essen' 동사를 알맞게 변형시켜 적어 넣으세요.

1) Ich esse so gern Nudeln, aber du __________ nur Fleisch.

2) Am Wochenende gehen Christian und Peter italienisch essen. Christian ________ gern Pizza und Pasta.

3) _________ du nicht gern chinesisch?

4) ______ ihr heute zu Hause zu Abend?

5) Michael _______ immer beim Zeitunglesen.

Übung 3 보기에서 알맞은 단어를 골라 빈칸을 채우세요.

• gefallen • passen • gehören • stehen • schmecken

1) Der Kuchen _________ mir sehr gut. Kann ich noch ein Stück haben?

2) Wie _______ dir die neue Wohnung?

3) Du siehst toll aus. Die Bluse ________ dir und _______ dir wirklich sehr gut.

4) Gib das Buch wieder her! Das ________ mir.

Übung 4 다음을 읽고 4격 인칭대명사를 찾아 아래 표에 적어 넣으세요.

A: Für wen ist die Tomatensuppe?

B: Die Tomatensuppe ist für mich, danke.

A: Und der Salat?

B: Der Salat ist für dich, Peter, oder?

C: Ja, vielen Dank.

A: Und die Pommes frites?

B: Mia und Tom, die Pommes sind für euch, richtig?

D: Nein, Tobias will Pommes. Sie sind für ihn.

A: Okay. Und die Wurst? Für wen ist das?

B: Wo ist Sara? Die Wurst ist doch für sie.

A: Ist der Wein für uns?

B: Nein, der ist nicht für uns.

1격 Nom.	ich	du	er	sie	es	wir	ihr	sie/Sie
4격 Akk.		dich						sie/

Übung 5 서로 알맞은 것을 연결하세요.

- Wo ist der Kellner? 1) a. Gut, danke, und dir?
- Hast du am Sonntag Zeit? Wir sind zu Hause. 2) b. Mir!
- Tom, lange nicht gesehen. Wie geht es dir? 3) c. Ich finde sie super.
- Wem gehört die Tasche? 4) d. Ich sehe ihn auch nicht.
- Wie gefällt dir die Musik hier? 5) e. Für mich!
- Für wen ist das Geschenk? 6) f. Ich besuche euch am Abend.

C. 대화 Dialoge

Dialog 1 Ich möchte ein Rindersteak.

Kellner: Was darf es bei Ihnen sein?
Peter: Ja, ich nehme ein Schnitzel.
Kellner: Gerne. Und was möchten Sie trinken?
Peter: Ein Glas Weißwein, bitte.
Kellner: Und Sie? Was bekommen Sie?
Sumi: Ein Rindersteak mit Bratkartoffeln, bitte.
Kellner: Ja, natürlich! Und zu trinken?
Sumi: Ein Mineralwasser, bitte.
Kellner: Kommt sofort!

Übung 1 위의 내용을 읽고 질문에 알맞은 답을 고르세요.

1) Was bestellt Peter? a. Kartoffelsuppe b. Schnitzel c. Rotwein d. Steak

2) Was möchte Sumi trinken? a. Mineralwasser b. Wein c. Cola d. Bier

3) Was möchte Sumi essen?

a. Rindersteak mit Pommes frites b. Rindersteak mit Bratkartoffeln

c. Schnitzel mit Pommes frites d. Schnitzel mit Bratkartoffeln

Übung 2 대화의 내용과 맞지 않는 것을 고르세요.

A: Guten Tag! Ich möchte einen Tisch reservieren.
B: Für wann möchten Sie reservieren?
A: Für Samstag um 19 Uhr.
B: Für wie viele Personen?
A: Für 2 Personen.

B: Ja, das geht. Auf welchen Namen bitte?

A: Auf den Namen Peter Meier bitte.

B: Gut, vielen Dank für die Reservierung.

1) 식당예약에 관한 내용이다.

2) 예약시간은 일요일 저녁 7시다.

3) Peter Meier이름으로 예약을 한다.

4) 예약인원은 2사람이다.

Dialog 2 Wir möchten bitte bezahlen.

Peter: Wir möchten bitte bezahlen.

Kellner: Hat es Ihnen geschmeckt?

Peter: Danke, es war sehr lecker.

Sumi: Ja, das Essen war sehr lecker.

Kellner: Danke sehr. Zahlen Sie zusammen oder getrennt?

Peter: Zusammen bitte.

Kellner: Das macht zusammen 43,10 €.

Peter: 45 Euro. Stimmt so.

Kellner: Danke schön.

Übung 1 위의 내용을 읽고 질문에 알맞은 답을 고르세요.

1) Hat es Peter geschmeckt?

a. Nein, nicht so gut b. Ja, sehr gut c. Es geht

2) Wer bezahlt das Essen?

a. Peter b. Sumi c. der Kellner

3) Was macht das zusammen?

a. 43,10 Euro b. 45 Euro c. 50 Euro d. 10 Euro

4) Wie viel Trinkgeld bekommt der Kellner?

a. 3,10 Euro b. 2,90 Euro c. 2,80 Euro d. 1,90 Euro

Übung 2 빈칸에 들어갈 말로 알맞은 것을 고르세요.

A: Schmeckt Ihnen der Fisch?

B: ______________________

1) Nein, er ist zu scharf.

2) Nein, er ist zu trocken.

3) Nein, er ist zu sauer.

4) Nein, er ist zu süß.

Übung 3 다음은 Restaurant 'Kaiser'의 메뉴판입니다. 메뉴판을 보고 친구와 대화문을 만드세요(Dialog 2 참조).

Restaurant Kaiser		
Gulaschsuppe		7.85
Haussalat		8.75
Käsespätzle		10.75
Bratwurst		9.25
Wienerschnitzel		17.95
Sauerbraten		25.75
Wasser	0,2l	1.80
Cola/Limo	0,2l	2,80

Schnitzel

D. 연습문제 Übungen

1. 다음은 감자 샐러드 레시피입니다. 조리과정을 순서대로 적은 것을 고르세요.

① Kartoffeln in Scheiben oder Würfel schneiden.

② Mayonnaise, saure Sahne und Senf untermengen, würzen.

③ Kartoffeln kochen, auskühlen lassen, abpellen.

④ Den Salat in den Kühlschrank stellen.

⑤ Zwiebel, Apfel, Gurken, Eier und Kochschinken klein schneiden - dazugeben.

1) ②-⑤-①-③-④ 2) ③-①-④-②-⑤ 3) ④-①-⑤-②-③ 4) ③-①-⑤-②-④

2. 다음 중 알맞은 것을 고르세요.

1) Was können Sie ___________?

a. empfehlen b. empfiehlen c. empfahlen d. empfiehlt

2) Herr Bode a. esst b. isst c. essen d. esse eine Suppe.

3) Frau Bode a. nehmt b. nimmt c. nehme d. nihmt ein Dessert.

3. 먼저 질문을 만든 뒤 ja(긍정), nein(부정), doch(긍정)로 대답해 보세요.

1) italienisch - Isst - nicht gern - du ? (긍정)

________________________________? ______.

2) aus Hamburg - er - Kommt? (부정)

________________________________? ______.

3) keine Arbeit - er - Hat? (긍정)

________________________________? ______.

4) du - heute - Hast - Zeit? (부정)

________________________________? ______.

4. 보기에서 알맞은 단어를 골라 빈칸을 채우세요.

• gefallen • gehören • stehen • schmecken

1) Schokolade __________ mir sehr gut.

2) __________ der Koffer Ihnen?

3) A: Wie ______ dir das Kleid?

B: Super, das Kleid _______ dir sehr gut.

5. 다음은 간이 임비스에서 나누고 있는 대화 내용입니다. 누가 말하는 것인지 해당되는 곳에 문장들을 적어 넣으세요.

• Bratwurst oder Currywurst? • Mit Ketchup bitte. • Pommes, bitte, und eine Wurst. • Und zu trinken? • Eine Bratwurst bitte! Mit Senf. • Ein Bier bitte. • ~~Guten Tag, was darf es sein?~~ • Die Pommes mit Ketchup oder Majo?

Kellner	Gast
• Guten Tag, was darf es sein?	

Weißwurst

E. 대화문

■ ***Dialog 1* 저는 스테이크를 먹겠습니다.**

종업원: 무엇을 드시겠습니까?

페터: 네, 저는 슈니첼 먹을게요.

종업원: 네 알겠습니다. 음료수는 뭘로 드시겠어요?

페터: 화이트 와인 한 잔 주세요.

종업원: 그리고 이쪽 분은요? 무엇을 드시겠습니까?

수미: 저는 소고기 스테이크와 부라트카터펠(구운 감자요리) 먹을게요.

종업원: 네, 좋습니다. 음료수는요?

수미: 미네럴 워터 주세요.

종업원: 곧 갖다드릴게요.

■ ***Dialog 2* 저희 계산할게요.**

페터: 저희 계산할게요.

종업원: 맛있게 드셨나요?

페터: 감사합니다, 아주 좋았어요.

수미: 네, 음식이 맛있었어요.

종업원: 감사합니다. 그리고 계산은 어떻게 하시겠습니까?

페터: 제가 함께 계산할게요.

종업원: 모두 43유로 10센트입니다.

페터: 여기 45유로입니다. 잔돈은 됐습니다.

종업원: 고맙습니다.

LEKTION 10

Gute Besserung!

A. 어휘와 표현 Wörter und Ausdrücke

1. 어휘

다음의 단어를 한국어로 옮기고 아래의 신체부위 중 해당되는 곳에 적어 넣으세요.

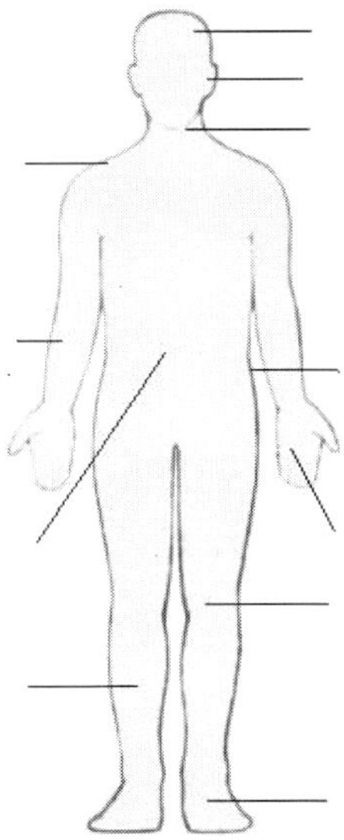

der Kopf 머리	das Haar ______	der Zahn ______
das Auge ______	die Hand ______	das Gesicht ______
der Hals ______	das Ohr ______	die Schulter ______
der Arm ______	der Mund ______	der Rücken ______
das Knie ______	die Nase ______	der Finger ______
der Fuß ______	das Bein ______	der Bauch ______

Übung 1 다음의 행위를 하려면 어떤 신체부위가 필요할까요? 다수의 답이 가능합니다.

1) sehen: das Auge

2) hören: ______________________________

3) sprechen: ______________________________

4) laufen: ______________________________

5) denken: ______________________________

6) essen: ______________________________

7) schreiben: ______________________________

8) riechen: ______________________________

Übung 2 해당되는 단어를 보기에서 골라 적으세요.

• Arme • Augen • Bauch • Beine • Finger • Füße • Kopf • Hals

1) Ich kann das Buch nicht mehr lesen. Meine _______ sind ganz rot und müde.
2) Ich kann nicht laut sprechen. Mein _______ tut weh.
3) Jonas ist Steilwandkletterer. Er braucht starke ________ und __________.
4) Leoni hat neue Schuhe, aber sie passen nicht. Ihr tun die ____________ weh.
5) Gestern habe ich zu viel Wein getrunken. Mein ________ tut weh.
6) Petra hat lange ________________________. Ihre Hosen sind alle zu kurz.
7) Pia hat zu viel gegessen. Ihr tut der ________________________ weh.

2. 표현

※ 의사와 환자의 표현

Arzt	Patient
Was fehlt Ihnen? 어디가 아프신가요?	Es geht mir nicht gut. Ich habe Fieber. 몸이 안 좋아요. 열이 납니다.
Wo haben Sie Schmerzen? 어디가 아프신가요?	Ich habe Bauchschmerzen. 배가 아파요.
Haben Sie auch Kopf- /Hals- /Rückenschmerzen? 두통이 있으세요?	Ja, mein Kopf tut weh. 네, 머리가 아파요.
Ich schreibe Ihnen ein Rezept. 처방전 써 드릴게요.	

Patient	Arzt
Wann/Wie oft muss ich die Medikamente nehmen? 약은 언제 먹어야 하죠?	Nehmen Sie die Tabletten dreimal am Tag vor/nach dem Essen. 하루에 3번 식전/후에 드세요.
Wann darf ich wieder rauchen? 담배 피워도 되나요?	Sie dürfen nicht rauchen und keinen Alkohol trinken. 담배피우시면 안되고 술도 드시면 안 됩니다.
Ich brauche eine Krankmeldung für meinen Arbeitgeber. 직장제출용 진단서가 필요한데요.	Ich schreibe Sie drei Tage krank. Gute Besserung! 진단서 3일로 발급해 드릴게요. 쾌유를 빕니다.

Übung 1 Wer sagt was? 의사가 하는 말엔 Arzt(A), 환자가 하는 말엔 Patient(P)를 적어 넣으세요.

1) Ich habe Husten und Fieber. ( )

2) Nehmen Sie am Morgen, Mittag und Abend eine Tablette. ( )

3) Hier ist Ihr Rezept. ( )

4) Muss ich die Medikamente vor oder nach dem Essen nehmen? ( )

5) Sie haben eine Grippe. ( )

6) Gute Besserung! ( )

7) Was fehlt Ihnen? ( )

8) Es geht mir nicht gut. ( )

Übung 2 보기에서 알맞은 단어를 골라 빈 칸을 채우세요.

• der Hustensaft	• der Tee	• die Tablette	• die Tropfen
• die Salbe	• das Nasenspray		

1) A: Was tut dir weh?

B: Ich habe Kopfschmerzen.

A: Nimm doch ____________.

2) A: Was fehlt dir?

B: Ich habe Fieber und Husten.

A: Nimm doch ____________.

3) A: Was fehlt dir?

B: Ich habe Schnupfen.

A: Nimm doch ____________.

B. 문법 Grammatik

1. 명령문

1) 명령문의 사용

명령문은 권유, 명령이나 부탁할 때 사용한다.

Atmen Sie tief ein!	권유, 요청
Sei vorsichtig!	부탁
Mach bitte die Hausaufgaben!	명령

2) 명령문의 형태

a. 명령문에서 동사는 문장의 첫 번째에 위치한다. (Öffnen Sie bitte den Mund!)

b. 명령문은 상대방과 친한 경우 du(단수)와 ihr(복수)를 사용하고, 공식적 관계인 경우 Sie를 사용한다.

c. du에 대한 명령문에서는 주어와 동사어미를 생략한다.

Du kommst. → Komm!

d. ihr에 대한 명령문에서는 주어만 생략한다.

Ihr kommt. → Kommt!

e. Sie에 대한 명령문에서는 주어를 사용한다.

Sie kommen. → Kommen Sie!

3) 동사 'sein', 'haben'의 명령형

	sein	haben
du	**Sei** vorsichtig!	**Hab** Geduld!
ihr	Seid vorsichtig!	Habt Geduld!
Sie	**Seien** Sie vorsichtig!	Haben Sie Geduld!

2. 화법조동사 'dürfen', 'müssen', 'sollen'

1) 화법조동사의 현재인칭변화

	dürfen	müssen	sollen
ich	**darf**	**muss**	**soll**
du	darfst	musst	sollst
er/sie/es	**darf**	**muss**	**soll**
wir	dürfen	müssen	sollen
ihr	dürft	müsst	sollt
sie/Sie	dürfen	müssen	sollen

a. 단수 1인칭 (ich)과 3인칭 (er/sie/es)의 형태가 같다.

b. 단수 1인칭 (ich), 2인칭 (du), 3인칭 (er/sie/es)에서 모음 교체 (ü→a, ü→u)가 된다(sollen동사는 제외).

c. 복수형은 규칙변화 한다.

2) 화법조동사 'dürfen'의 의미

Man darf hier essen.	허가
Sie dürfen hier **nicht** rauchen.	금지
Dürfte ich Sie um einen Gefallen bitten?	정중한 요청

3) 화법조동사 'müssen'의 의미

Wir müssen fleißig lernen.	의무, 임무, 명령

4) 화법조동사 'sollen'의 의미

Der Arzt hat gesagt, ich soll viel Wasser trinken.	충고, 조언
Man soll nicht stehlen.	도덕적 의무
Du sollst bitte Anja zurückrufen.	부탁

Übung 1 보기에서 골라 빈칸에 적어 넣으세요.

• fahr • hab • sprich • warten • sei

1) ________ keine Angst! Der Hund ist nicht gefährlich!
2) ________ nicht nervös, die Prüfung ist nicht schwer.
3) Ich bin gleich fertig, Frau Kim. __________ Sie bitte einen Moment.
4) ___________ etwas lauter! Ich verstehe dich nicht.
5) Die Straße hat viele Kurven, __________ bitte nicht so schnell.

Übung 2 'dürfen' oder 'können'? 맞는 것에 ■ 표 하세요.

1) Entschuldigen Sie bitte, hier □dürfen/□können Sie nicht essen. Das ist verboten.
2) Die Wohnung ist viel zu teuer. Wir □dürfen/□können sie nicht nehmen.
3) □Darfst/□Kannst du gut Deutsch? - Na ja, es geht.

Übung 3 'müssen' oder 'sollen'? 빈칸에 알맞은 것을 적어 넣으세요.

1) Warum ______ ich immer das Zimmer aufräumen? Du machst nie etwas.
2) Ich gehe jetzt einkaufen. ________ ich Ihnen etwas mitbringen?
3) Tom, du ______ bitte Jonas zurückrufen. Er hat schon mehrmals angerufen.

Übung 4 다음을 명령문으로 바꾸세요.

1) _________ Sie bitte ruhig in der Bibliothek! (sind)
2) _________ dein Fahrrad! (nehmen)
3) _________ endlich ______, sonst kommst du zu spät! (aufstehen)

C. 대화 Dialoge

Dialog 1 Ich hätte gern einen Termin.

Frau Schulz: Praxis Doktor Klein. Guten Morgen, was kann ich für Sie tun?

Frau Lee: Guten Morgen. Mein Name ist Sumi Lee. Es geht mir nicht gut. Ich hätte gern einen Termin.

Frau Schulz: Guten Morgen Frau Lee. Heute ist es schlecht. Können Sie morgen Nachmittag kommen?

Frau Lee: Geht es auch morgen Vormittag?

Frau Schulz: Einen Moment. Ja, das geht. Kommen Sie doch morgen früh, um 8 Uhr 30?

Frau Lee: Ja, dann bis morgen.

Frau Schulz: Also bis morgen um 8 Uhr 30. Bringen Sie Ihre Versichertenkarte mit.

Frau Lee: Mache ich. Auf Wiederhören!

Frau Schulz: Auf Wiederhören!

Übung 1 위의 내용을 읽고 내용과 맞지 않는 것을 고르세요.

1) 이수미씨는 병원에 예약을 한다.
2) 병원이름이 Schulz의원이다.
3) 예약시간은 내일 오전 8시 반이다.
4) 간호사가 보험카드를 가지고 오라고 부탁한다.

Übung 2 다음의 증상이 있을 때 어떤 병원에 가야할지 고르세요.

1) Sie haben starke Zahnschmerzen.

a. Zahnarztpraxis b. Arzt für Allgemeinmedizin

c. Facharzt für Kinder- und Jugendheilkunde

2) Ihr Kind hat hohes Fieber.

a. Zahnarztpraxis b. Arzt für Allgemeinmedizin

c. Facharzt für Kinder- und Jugendheilkunde

3) Sie haben seit zwei Tagen Bauchschmerzen.

a. Zahnarztpraxis b. Arzt für Allgemeinmedizin

c. Facharzt für Kinder- und Jugendheilkunde

Übung 3 빈칸에 들어갈 말로 알맞은 것을 고르세요.

A : Kann ich einen Termin am Dienstagvormittag haben?

B : _____________. Da hat Doktor Klein keine Sprechstunde.

1) Ja, natürlich. 2) Das geht leider nicht.

3) Ja, ich habe viel zu tun. 4) Sie haben schon einen Termin.

Dialog 2 Beim Arzt

Arzt: Was fehlt Ihnen?

Frau Lee: Ich habe seit zwei Tagen starke Halsschmerzen. Ich habe auch 38 Grad Fieber.

Arzt: Dann muss ich Ihnen in den Hals sehen. Sagen Sie bitte »Ahh«!

Frau Lee: Ahhhh!

Arzt: Sie haben eine Erkältung. Sie müssen ein paar Tage im Bett bleiben. Trinken Sie viel, am besten Tee und Mineralwasser.

Frau Lee: Ja, mache ich.

Arzt: Hier ist ein Rezept für Ihre Medikamente. Und kommen Sie bitte am Montag noch einmal zu mir in die Praxis.

Frau Lee: Danke. Bis Montag.

Arzt: Auf Wiedersehen und gute Besserung!

Übung 1 위의 내용을 읽고 질문에 답하세요.

1) Warum ist Frau Lee beim Arzt? ______________________.

2) Dr. Klein möchte ihr in den Mund sehen. Was sagt er? ______________.

3) Frau Lee hat eine Erkältung. Was muss sie machen?

____.

4) Muss Frau Lee nochmal in die Praxis kommen?

____.

Übung 2 대화의 내용으로 보아 B가 지켜야 할 일로 볼 수 없는 것을 고르세요.

A : Sie haben leider eine starke Erkältung.

B : Was soll ich jetzt machen?

A : Sie müssen ein paar Tage im Bett bleiben. Und Sie dürfen nicht arbeiten. Trinken Sie warmen Tee und ziehen Sie warme Kleidung an! Vor allem dürfen Sie nicht rauchen.

1) 따뜻한 차를 마셔야 한다.

2) 따뜻한 옷을 입어야 한다.

3) 가벼운 운동을 해야 한다.

4) 담배를 피우지 말아야 한다.

Übung 3 빈칸에 들어갈 단어를 보기에서 골라 적으세요.

• verschreibt • läuft • krank • Magenschmerzen • muss • weh • darf

1)

Herr Müller hat ________. Der Arzt schreibt ihn drei Tage _____. Er _____ keinen Kaffee und keinen Alkohol trinken. Er darf auch nicht essen. Er muss viel spazieren gehen.

2)

Jonas hat Husten. Seine Nase ______ und sein Hals tut ____. Er hat Kopfschmerzen und ist müde. Ihm ist kalt. Der Arzt ______ Hustensaft. Er darf nicht schwimmen gehen und _____ viel Tee trinken.

Übung 4 빈칸에 들어갈 단어를 보기에서 골라 적으세요.

• Rezept • Versichertenkarte • Krankmeldung

1) In der Praxis muss ich eine ____________ von der Krankenkasse zeigen.

2) Der Arzt gibt mir ein __________ für die Apotheke.

3) Ich soll ein paar Tage im Bett bleiben und nicht arbeiten. Der Arzt gibt mir eine ________________ für meinen Chef.

D. 연습문제 Übungen

1. 알맞은 화법조동사를 고르세요.

1) Mein Sohn ist krank. Er ____________ zum Arzt gehen.

a. kann b. muss c. darf

2) Sie _________ bitte Herrn Kuhn zurückrufen. Er hat schon zehnmal angerufen.

a. können b. müssen c. sollen

3) Ich _________ erst ab 14 Uhr kommen.

a. kann b. muss c. darf

4) Wir _________ jetzt schnell nach Hause gehen. Meine Eltern warten auf mich.

a. können b. müssen c. sollen

2. 다음의 권유사항을 보기와 같이 문장으로 만드세요.

Halsschmerzen	Ich habe Halsschmerzen.
• Rauch nicht!	Ich soll nicht rauchen.
• Rede nicht viel!	Ich soll nicht ____________________.
• Mach keinen Sport!	Ich soll ____________________.
• Trink Kamillentee!	Ich soll ____________________.

3. Gute Tipps. 다음의 동사를 이용하여 명령문을 만드세요.

• bleiben • essen • gehen • nehmen

1) A: Oh, je. Ich bin so müde.

B: Na, dann ____________ doch ins Bett! Es ist doch schon spät.

2) A: Ich habe großen Hunger.

B: _______ doch etwas! Ich kann auch für dich kochen.

3) A: Oh, nein. Ich möchte nicht aufstehen.

B: Dann _________ doch im Bett!

4) A: Ich bin erkältet. Ich habe Halsschmerzen und Husten.

B: _______ den Hustensaft - dreimal täglich!

4. Noch mehr Tipps. 보기와 같이 명령문을 만드세요.

Ich habe eine Erkältung. Ich darf keinen Alkohol trinken. (Tee) → Dann trink doch Tee.

1) Ich habe Kopfschmerzen. Ich darf nicht lange telefonieren. (ein bisschen schlafen)

____

2) Ich habe Bauchschmerzen. Ich darf nicht viel Wurst essen. (Fisch essen)

____

3) Ich habe Rückenschmerzen. Ich darf nicht joggen. (spazieren gehen)

____

4) Ich bin zu dick. Ich darf nicht viel Fleisch essen. (viel Gemüse kochen)

____

5. Sumi ist krank. 'müssen' oder 'sollen'? 해당되는 것을 골라 적어 넣으세요.

Sumi ist krank. Sie geht zum Arzt. Der Arzt sagt: „Sie ______ im Bett bleiben und Sie ________ viel schlafen und viel trinken.“ Sumi sagt zu ihrem Mann: „Der Arzt sagt, ich ______ im Bett bleiben und schlafen.“ Ihr Mann fragt: „ ________ du Medizin nehmen?“ Sumi antwortet: „Nein, aber ich ______ viel trinken”.

6. Ratschläge geben. 명령문을 만드세요.

• eine Aspirin nehmen • eine Brille kaufen • Yoga machen • weniger essen • weniger arbeiten • ~~nach Hause gehen~~

1) Ich sehe schlecht. ______________________

2) Ich bin gestresst. ______________________

3) Ich bin nervös. ______________________

4) Ich fühle mich schlecht. Dann geh doch nach Hause.

5) Ich habe Kopfschmerzen. ______________________

6) Ich möchte abnehmen. ______________________

7. Welche Personen passen? 어떤 사람이 해당되는지 0표 하세요.

	Frau Meier	Sumi	Lea und Leo
Nehmen Sie Platz.			
Kommt bitte schnell.			
Pass auf dich auf.			
Esst doch noch etwas.			
Nehmen Sie doch noch ein Stück.			

E. 대화문

■ Dialog 1 예약을 하고 싶습니다.

슐츠 씨: 클라인 의원입니다. 안녕하세요, 무엇을 도와드릴까요?

수미: 안녕하세요. 저는 이수미라고 합니다. 제가 몸이 좀 안 좋네요. 예약을 하고 싶어요.

슐츠 씨: 안녕하세요. 이수미 씨. 그런데 오늘은 좀 힘들 것 같은데요. 혹시 내일 오후에 오실 수 있나요?

수미: 내일 오전에는 혹시 안 되나요?

슐츠 씨: 잠시만요. 아 네, 가능하네요. 그리고 내일 오전 일찍 오세요. 8시 반에 괜찮겠어요?

수미: 네, 내일 갈게요.

슐츠 씨: 그럼 내일 8시 반에 뵐게요. 오실 때 보험카드도 갖고 오세요.

수미: 네, 그럴게요. 안녕히 계세요.

슐츠 씨: 안녕히 계세요.

■ Dialog 2 병원에서

의사: 어디가 불편하신가요?

수미: 이틀 전부터 목이 많이 아파요. 열도 38도까지 오르고요.

의사: 그럼 우선 목을 한 번 살펴봐야할 것 같네요. "아" 라고 말해보세요.

수미: "아아"

의사: 감기에 걸리셨군요. 며칠 동안 침대에 누워계셔야 합니다. 차와 생수를 가능한 많이 드세요.

수미: 네, 그렇게 하겠습니다.

의사: 여기 약 처방전입니다. 그리고 월요일에 다시 우리 병원에 오세요.

수미: 고맙습니다. 그럼 월요일에 뵐게요.

의사: 안녕히 가세요. 그리고 몸조리 잘하세요.

LEKTION 11 Wie komme ich zum Hauptbahnhof?

A. 어휘와 표현 Wörter und Ausdrücke

1. 어휘

Wohin gehen Sie? 어디에 가세요? 다음의 단어를 사전에서 찾아 뜻을 적으세요. 그리고 해당되는 장소를 아래의 빈칸에 적어 보세요.

das Restaurant ______________	der Marktplatz ______________	die Bäckerei ______________	der Supermarkt ______________
das Café ______________	der Park ______________	der Bahnhof ______________	die Apotheke ______________
die Metzgerei ______________	die Post ______________	das Kino ______________	die Bank ______________
die Buchhandlung ______________	das Blumengeschäft ______________	das Reisebüro ______________	das Hotel ______________

1) Ich kaufe zehn Brötchen zum Frühstück. Ich gehe **in die** ______________.

2) Ich möchte ein Packet schicken. Ich gehe **zur** ______________.

3) Ich trinke mit meinem Mann Kaffee. Ich gehe **ins** ______________.

4) Peter möchte gern einen Film sehen. Er geht **ins** ______________.

5) Barbara hat Kopfschmerzen und möchte Aspirin holen. Sie geht **in die** ______________.

6) Herr Braun möchte eine Fahrkarte nach Frankfurt kaufen. Er geht **zum** ______________.

7) Ich möchte ein Flugticket nach Madrid buchen. Er geht **zum** ______________.

8) Wir kochen heute für meine Freunde. Ich gehe einkaufen. Sie geht **in den** ____________.

9) Ich kaufe einen Blumenstrauß für meine Frau. Sie hat heute Geburtstag. Ich gehe **zum** ____________.

10) Leonie will Urlaub in Korea machen und möchte Geld wechseln. Sie geht **zur** __________.

11) Frau Pils braucht Fleisch. Sie geht **in die** ____________.

12) Frau Neumann möchte mit ihrem Hund spazieren gehen. Sie geht **in den** ____________.

2. 표현

1) 길 설명하기 Die Wegbeschreibung

- Gehen Sie immer *geradeaus.* 계속 곧장 가세요.
- Gehen Sie hier *links.* 여기서 좌회전하세요.
- Gehen Sie hier *rechts*. 여기서 우회전하세요.
- Gehen Sie weiter *bis zur Kreuzung*. 교차로까지 계속 가세요.
- Gehen Sie *bis zur Ampel und dann links*. 신호등까지 가서 좌회전하세요.
- Gehen Sie *über die Brücke, über die Straße, über den Marktplatz.* 다리를 건너고, 도로를 건너 마르크트 광장을 건너가세요.
- Gehen Sie *durch die Fußgängerzone, an* der Kirche *vorbei.* 보행자 거리를 거쳐 교회를 지나 가세요.
- Gehen Sie *die zweite Straße rechts*. Die Kirche ist *auf der linken Seite.* 두 번째 길에서 우회전하시면 왼편에 교회가 있습니다.

2) Wie kommen Sie zur Arbeit? 직장에 어떻게 가세요?

A: Ich heiße Pia. Ich wohne in Bad Homburg und arbeite bei Rewe in Frankfurt. Ich fahre jeden Tag 20 Minuten mit der U-Bahn zur Arbeit.

B: Ich bin Klaus Meinert. Ich wohne in Viernheim und mein Büro ist in Mannheim. Ich brauche 30 Minuten mit dem Auto.

C: Mein Name ist Chris Mann. Ich wohne in Volksdorf. Ich arbeite bei Ikea in Hamburg. Ich fahre eine Viertelstunde mit der Straßenbahn.

※ 교통수단
• der Bus 버스 • das Taxi 택시 • die U-Bahn 지하철 • die Straßenbahn 전철
• das Auto 자동차 • das Fahrrad 자전거 • der Zug 기차 • zu Fuß 걸어서

◎ 위의 글을 읽고 해당되는 내용을 아래 표에 적어 넣으세요.

Name	wohnt	arbeitet	braucht	fährt mit
Pia	in Bad Homburg			
Klaus				
Chris				

Übung 1 다음을 연결하여 문장을 완성하세요.

• Ich gehe an	1)	a. die Fußgängerzone.
• Wir bummeln durch	2)	b. der Universität vorbei.
• Fahren Sie bis zum	3)	c. das neue Museum.
• Sie gehen in	4)	d. die Alte Brücke.
• Leon läuft über	5)	e. Alexanderplatz.

Übung 2 다음 중 빈칸에 들어갈 알맞은 단어를 고르세요.

1) Entschuldigung, ich möchte _____ Getränkemarkt. a. zur b. zum

2) Mein Vater fährt mit dem Bus _______ Arbeit. a. zur b. zum

3) Ich habe heute keine Zeit. Ich muss _____ Fußballtraining. a. zur   b. zum

4) Er muss ______ Bushaltestelle gehen.   a. zur   b. zum

Übung 3 다음 중 빈칸에 들어갈 알맞은 전치사를 보기에서 고르세요.

• mit(x2)   • von   • zu   • bei

1) A: Gehst du ______ Fuß? B: Nein, ich fahre ____ dem Bus.

2) A: Wo wohnst du? B: ____ der Oma, in der Gartenstraße.

3) A: Wo ist das? In der Nähe vom Bahnhof?

   B: Nein, in der Nähe _____ der Marienkirche.

4) A: Wie kommst du zum Fußballtraining? B: Ich fahre _____ der U-Bahn.

Übung 4 지도를 보고 보기에서 찾아 적어 보세요.

• Parkstraße   • über   • rechten   • Brunnen   • die Kirche

1) Gehen Sie hier geradeaus und dann die zweite Straße links. Auf der rechten Seite sehen Sie ______________.

2) A: Ich suche eine Apotheke. Wie komme ich zur Apotheke?

B: Gehen Sie an der Kreuzung rechts und dann direkt links in die __________. Gehen Sie dann am _________ vorbei. Gehen Sie ______ die Lutherstraße und auf der ________ Seite sehen Sie die Apotheke.

Übung 5 위의 지도를 보고 보기와 같이 대화를 만들어 보세요.

> A: Entschuldigung, wir suchen die Bäckerei.
> B: Gehen Sie über die Bismarkstraße und die Bäckerei ist auf der rechten Seite.

1) A: Entschuldigung, wie komme ich zum Krankenhaus?

   B: Gehen Sie ______________________________

2) A: Entschuldigung, wo ist das Schwimmbad?

   B: Gehen Sie ______________________________

3) A: Entschuldigung, ich suche eine Bank.

   B: Gehen Sie ______________________________

In der Buchhandlung

B. 문법 Grammatik

1. 3·4격 지배 전치사

3격과 4격을 둘 다 사용하는 전치사들을 3·4격 지배 전치사라고 한다. 주로 공간 개념을 나타내는 전치사들이 여기에 해당된다. 3·4격 지배 전치사에는 auf (위에, '접촉의 의미'), über (위에), unter (아래에), vor (앞에), hinter (뒤에), in (안에), an (옆에, '접촉의 의미'), neben (옆에), zwischen (사이에)가 있다.

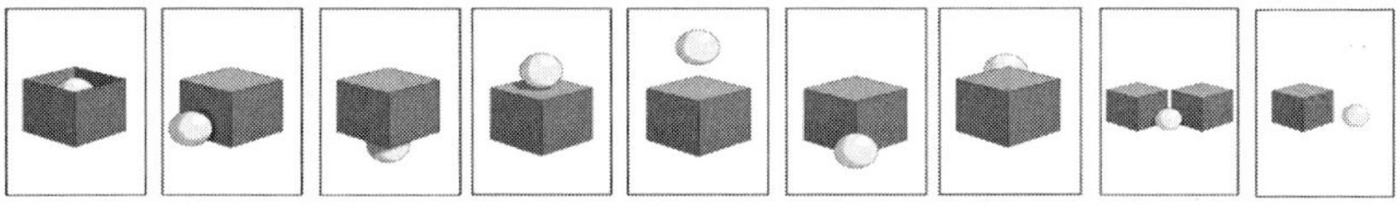

in an unter auf über vor hinter zwischen neben

일반적으로 '어디에(정지의 의미)'이면 3격을, '어디로(이동의 의미)'이면 4격을 사용한다. 아래 예문에서 보는 바와 같이 '핸드폰이 책상 위에 있는 것'과 '핸드폰을 책상 위로 놓는 것'은 각각 '정지'와 '이동'의 의미를 갖는다. 독일어에서는 이런 차이를 3·4격 전치사를 통해 표현한다.

※ 3격 '어디에'

Das Handy ist **auf dem** Tisch. (책상 위에)

Das Handy ist **unter dem** Tisch. (책상 밑에)

※ 4격 '어디로'

Ich lege das Handy **auf den** Tisch. (책상 위로)

Ich lege das Handy **unter den** Tisch. (책상 밑으로)

2. 장소를 나타내는 전치사

전치사는 명사 혹은 대명사 앞에 위치하며, 격을 결정한다.

A: Hallo Birgit, **wohin** gehst du?

B: **Ins** Büro. Und du?

A: Ich gehe **zum** Bahnhof. Ich fahre **nach** Bonn.

B: Wann geht dein Zug?

A: In einer Stunde.

B: Dann können wir doch einen Kaffee **im** Café trinken!

A: Das ist eine gute Idee.

※ 4격 지배

bis	~까지 (관사 없이)	Der Zug fährt bis München. Dort müssen Sie umsteigen.
durch	통과하여	Herr und Frau Kupfer gehen durch das Einkaufszentrum.
entlang	~ 따라서 (평행하게) 후치	Gehen Sie die Kantstraße entlang und dann rechts.
gegen	~ 향하여	Gestern ist ein Auto gegen den Zaun gefahren.
um	~둘레로	Gehen Sie um die Kirche herum.

※ 3격 지배

ab	~부터(출발점)	Ab Bonn nutzen Sie die Linie SB 60.
aus	~에서	Geh bitte aus meinem Zimmer. Ich muss arbeiten.
bei	~에(서) i. 근처 ii. 사람(집) iii. 직장(이름)	i. Leimen liegt bei Heidelberg. ii. Manuel wohnt bei seinen Großeltern. iii. Mein Vater arbeitet bei Mercedes.
gegenüber	맞은편 (후치도 가능)	Gegenüber dem Supermarkt ist eine Post. (Dem Supermarkt gegenüber ...)
nach	~로 i. 장소/나라	i. Meine Mutter fährt nach Paris. ii. Fahren Sie nach rechts und dann links.

	(관사 없이 사용) ii. 방향 지시	
von	~에서(출발점)	Sie kommt gerade vom Museum. Er kommt vom Zahnarzt.
zu	~로(목표)	Wir fahren zum Flughafen/ zu meinen Eltern.

※ 'Wo' oder 'wohin'?

	Wo ... ? (어디에서)	Wohin ... ? (어디로)
1)	in + 3격	nach
도시, 나라(관사 없이)	Ich wohne in Seoul/ in Korea.	Ich fahre nach Seoul/ nach Korea
2)	in + 3격	in + 4격
a. 건물 b. 자연, 산맥 c. 나라(관사 포함) d. 도로	a. Ich bin gerade im Büro. b. Wir waren im Urlaub in den Alpen. c. Peter wohnt in der Schweiz. d. Er wohnt in der Kantstraße.	a. Ich gehe jetzt ins Büro. b. Wir fahren im Sommer in die Alpen. c. Morgen fahren wir in die Schweiz. d. Er fährt jetzt in die Kantstraße.
3)	in + 3격	zu
상점	Ich bin gerade in(혹은 auf) der Post/ in der Bäckerei.	Ich gehe jetzt zur(auf die) Post/ zur Bäckerei.
4)	bei	zu
사람	Am Samstag war ich bei meinen Eltern.	Ich gehe jetzt zum Arzt.
5)	auf + 3격	auf + 4격
a. 위치 b. 산/탑 c. 섬	a. Die Zeitung liegt auf dem Tisch. b. Waren Sie schon auf der Zugspitze? c. Ich war auf der Insel Sylt.	a. Ich lege die Zeitung auf den Tisch. b. Am Sonntag fahren wir auf die Zugspitze. c. Morgen fahre ich auf die Insel Sylt.
6)	an + 3격	an + 4격
a. 호수, 강, 바다 b. ~의 가에	a. Ich mache Urlaub am Meer. b. Warte an der Tür auf mich.	a. Ich fahre im Juli ans Meer. b. Setz dich schon an den Tisch. Ich komme gleich.
7)	an + 3격	zu
광장(광장명 포함)	Am Alexanderplatz ist eine Post.	Ich gehe zum Alexanderplatz.
※예외	Ich bin gerade zu Hause.	Ich gehe jetzt nach Hause.

Übung 1 'wo' oder 'wohin'? 알맞은 전치사를 적어 넣으세요.

Wo?	Wohin?
Er ist ...	Er fährt ...
1) beim Arzt	zum Arzt
2) in Deutschland	_______ Deutschland
3) am Strand	_______ Strand
4) im Konzert	_______ Konzert
5) in der Metzgerei	_______ Metzgerei
6) auf der Insel	_______ Insel

Übung 2 알맞은 전치사를 보기에서 골라 적으세요.

• entlang • um • gegen • bei • von • zum

1) Es gab einen Unfall. Der Wagen fuhr ______ den Baum.

2) Wann bist du zuletzt ______ Klaus gewesen?

3) Wann willst du endlich _____ Arzt gehen?

4) Wo wohnt eigentlich Peter? Nicht weit von hier, nur ______ die Ecke.

5) Die Straße führt den Fluss _________.

6) Ich hole das Paket ______ der Post ab.

Übung 3 알맞은 전치사를 보기에서 골라 적으세요.

• zum(x2) • an der ... vorbei • zur • ins

1) A: Wohin geht ihr? B: Wir gehen ______ Kino.

2) A: Wohin gehst du? B: Ich gehe ____ Bahnhof.

3) A: Wohin fahrt ihr? B: Wir fahren _________ Marktplatz.

4) A: Wohin geht sie? B: Sie geht ____ Universität.

5) A: Wo fährt der Bus vorbei? B: Der Bus fährt ___ Stadtmauer ______.

C. 대화 Dialoge

Dialog 1 Wo ist das Restaurant?

■ Wo ist das Restaurant *Adler*?
● Am Marktplatz, neben dem Café.
■ Und die Bäckerei *Weber*, wo ist die?
● In der Schillerstraße, zwischen dem Supermarkt und der Buchhandlung Ziemer.

Übung 1 위의 내용을 읽고 질문에 알맞은 답을 적어 넣으세요.

1) Wo ist das Restaurant *Adler*? ________________________.
2) Wo ist die Bäckerei *Weber*? ____________________________________.

Übung 2 빈칸에 들어갈 단어를 순서대로 적은 것을 고르세요.

A: Wo kann man hier Blumen kaufen?
B: Im ________________________
A: Wo kann man hier Wurst kaufen?
B: In der ________________________
A: Wo kann man hier Arzneimittel kaufen?
B: In der ________________________
A: Wo kann man hier Geld abheben?
B: Auf der ________________________

1) Blumengeschäft - Metzgerei - Apotheke - Bank
2) Metzgerei - Bank - Blumengeschäft - Apotheke
3) Blumengeschäft - Bank - Apotheke - Metzgerei
4) Apotheke - Metzgerei - Blumengeschäft - Bank

Dialog 2 Wie komme ich zum Hauptbahnhof?

Touristin: Entschuldigen Sie bitte! Wie komme ich zum Hauptbahnhof? Ist es weit?

Herr: Nein, das ist nicht weit. Sie können zu Fuß gehen. Also, gehen Sie hier die Kantstraße entlang bis zur Kirche. An der Kirche dann links in die Hauptstraße. Gehen Sie weiter geradeaus bis zur Gieselastraße. Da ist der Bahnhof.

Touristin: Vielen Dank für Ihre Hilfe. Auf Wiedersehen.

Übung 1 위의 내용을 읽고 질문에 알맞은 답을 적어 넣으세요.

1) Wohin möchte die Touristin? ____________________.

2) Muss sie die U-Bahn nehmen? ____________________________________.

Übung 2 Wie komme ich zu …? 보기에서 골라 빈칸을 채우세요.

• an der • an der • an der • bis zur • durch das • bis zum

1) A: Entschuldigung, wie komme ich zur Bibliothek?
   B: Das ist ganz einfach. Gehen Sie geradeaus und ______ zweiten Kreuzung rechts.
2) A: Entschuldigung, wie komme ich zum Supermarkt?
   B: Gehen Sie die Kochstraße entlang und ______ ersten Ampel links.
3) A: Entschuldigung, wo ist die Post?
   B: Gehen Sie ______ Marktplatz und dann rechts.
4) A: Entschuldigung, wo geht es zur Kronenstraße?
   B: Gehen Sie geradeaus ______ Ampel, dann links und dann immer geradeaus.

5) A: Entschuldigung, wir suchen eine Bank.

B: Gehen Sie ______ Stadttor und dann ______ zweiten Ampel links.

München Rathaus

D. 연습문제 Übungen

1. 'wo' oder 'wohin'? 빈칸을 채우세요.

1) A: ________ B: In der Kantstraße.

2) A: ________ B: Frau Kim studiert in Heidelberg.

3) A: ________ B: Ich gehe ins Kino, kommst du mit?

4) A: ________ B: In die Küche, ich hole Kaffee.

5) A: ________ B: Frau Meier bringt den Müll zur Mülltonne.

6) A: ________ B: Mein Sohn spielt auf dem Spielplatz.

2. 알맞은 것을 보기에서 골라 적어 보세요.

• die(x3) • den • ans • im • der

1) A: Sollen wir im Sommer in _____ Berge fahren?

B: Nein, in ______ Bergen waren wir doch schon letztes Jahr. Dieses Jahr möchte ich lieber _______ Meer.

A: Warst du schon an _____ Nordsee?

B: Nein, noch nicht. Ich möchte gerne an ________ Nordsee fahren.

2) A: Heute Abend gehe ich ins Theater. Kommst du mit?

B: Nein, ich war gestern schon ______ Theater. Ich möchte lieber in ______ Oper.

3. 질문에 어울리는 답이 아닌 것을 고르세요.

1) Wo ist Mama? - Sie kocht in der Küche.

2) Wo ist denn mein Handy? - Es liegt auf der Kommode.

3) Wo wohnt Anna? - Über der Post.

4) Wohin stellst du die Lampe? - Neben den Sessel.

4. 알맞은 전치사를 보기에서 골라 적으세요.

• an den • auf diesen • ins • an die

1) Warst du schon in der Schweiz? - Nein, ich fahre morgen in die Schweiz.

2) Warst du schon im Kaufhaus? - Nein, ich gehe morgen ______ Kaufhaus.

3) Warst du schon auf diesem Berg? - Nein, ich steige morgen ______ Berg.

4) Warst du schon an der Ostsee? - Nein, ich fahre morgen ________ Ostsee.

5) Warst du schon am Titisee? - Nein, ich fahre morgen ________ Titisee.

5. 다음을 읽고 질문에 답을 쓰세요.

Heute ist Dienstag. Es ist 15:10. Sie sind in München-Solln und möchten zum Hauptbahnhof. Sehen Sie sich den Busfahrplan an.

Verkehrshinweis	Uhr Montag - Freitag
München-Solln	15.01 15.16 15.31 15.46
München Siemenswerke	15.03 15.18 15.33 15.48
München Hbf (U)	15.47 16.02 16.17 16.32
München Karlsplatz	15.48 16.03 16.18 16.33
München Isartor	15.52 16.07 16.22 16.37
München-Neuperlach Süd	16.07 16.22 16.37 16.52
Kreuzstraße	16.39 16.54 17.09 17.24

1) Wann fährt der nächste Bus? ________________________________.

2) Wo steigen Sie aus? ________________________________.

3) Wie viele Stationen sind es? ________________________________.

4) Wie lange dauert die Fahrt? ________________________.

5) Wann sind Sie am Ziel? ________________________.

E. 대화문

■ Dialog 1 식당이 어디에 있나요?

■ '아들러' 식당이 어디에 있나요?

● 마르크트(시장) 광장에 있는 카페 옆에 있어요.

■ 그리고 '베버' 베이커리는 어디에 있나요?

● '쉴러'로(路)에 있어요. 슈퍼마켓과 '치머'서점 사이에요.

■ Dialog 2 중앙역까지 어떻게 가나요?

관광객: 실례합니다! 중앙역까지 어떻게 가나요? 여기서 먼가요?

남자: 아닙니다. 여기서 멀지 않아요. 걸어서 갈 수 있어요. 우선 여기 '칸트'로를 따라서 곧장 교회건물까지 가세요. 그곳 교회에서 왼쪽 '하우프트'로로 들어가세요. 그리고 계속 직진해서 '기젤라'로까지 가세요. 그럼 중앙역이 나옵니다.

관광객: 도와주셔서 고맙습니다. 안녕히 계세요.

LEKTION 12

Was hast du in den Ferien gemacht?

A. 어휘와 표현 Wörter und Ausdrücke

1. 다음은 여행준비와 여행하기와 관련된 표현들입니다. 뜻은 사전에서 찾아 해당되는 표현을 맞는 곳에 적어 넣으세요.

die Wohnung aufräumen	*wandern*	*im Meer baden*
die Altstadt besichtigen	*Theater besuchen*	~~*das Datum festlegen*~~
im Internet Ideen suchen	*im Reisebüro Prospekte holen*	fotografieren
gut essen	~~*am Strand spazieren gehen*~~	die Fahrkarten kaufen
Geld wechseln	*eine Stadtführung machen*	ein Auto mieten
Souvenirs kaufen	*Prospekte lesen*	das Hotel buchen

여행 준비하기	여행하기
• *das Datum festlegen*	• *am Strand spazieren gehen*

2. 여행과 관련된 표현

질문	대답	
Wo warst du im Urlaub/ in den Ferien? 휴가때(방학때) 어디 다녀왔어?	Ich war	an der Nordsee북해에 am Chiemsee킴 호수에 in den Bergen산에/ in München뮌헨에 auf (der Insel) Sylt 질트 섬에

Und wie war es? 어땠어?	Es war	toll / super / sehr schön 아주 좋았어. langweilig / nicht so schön. 지루했어/ 별로였어.
Wie war das Wetter/Essen/ Hotel? 날씨/음식/호텔은 어땠어?	Das Wetter /Essen/ Hotel war	prima 아주 좋았어/ gut 좋았어/ nicht so gut 별로였어/ schlecht 나빴어

Übung 1 Ferienwörter sammeln! 다음은 휴가지에서 할 수 있는 것들입니다. 해당되는 것을 서로 연결해 보세요.

ein Picknick •	• planen
die Altstadt •	• wandern
eine Städtereise •	• machen
in der Nordsee •	• zelten
eine Radtour •	• besichtigen
in den Bergen •	• baden
Fotos •	• kaufen
am Meer •	• machen
ein Schloss •	• machen
einen Reiseführer •	• besichtigen

Übung 2 해당되는 것을 보기에서 골라 적어 넣으세요.

• einkaufen • spazieren gehen • besichtigen • machen • probieren • besuchen

1) eine Stadtführung ______________

2) typisches Essen ______________

3) das Kunstmuseum ______________

4) in der Altstadt ______________

5) im Zentrum ______________

6) den Dom ______________

Übung 3 빈칸에 알맞은 단어를 보기에서 골라 적으세요.

• in die Alpen • an der Ostsee • die Stadt besichtigt • auf der Insel

A: Hallo, ich bin Manuel. Ich habe im Urlaub einen Freund in Innsbruck besucht. Wir haben ____________________ und dann sind wir ___________ gefahren. Wir sind viel gewandert.

B: Ich bin Anna. Ich war mit meiner Familie ________ Sylt. Wir sind oft Rad gefahren und haben die Insel angesehen.

C: Ich bin Pia. Ich war in den Ferien ___________. Ich war oft am Strand. Ich habe in der Sonne gelegen, viel gebadet und gelesen.

Überlingen

B. 문법 Grammatik

1. 동사 'sein'과 동사 'haben'의 과거형

	sein	haben
ich	war	hatte
du	warst	hattest
er/sie/es	war	hatte
wir	waren	hatten
ihr	wart	hattet
sie/Sie	waren	hatten

A: Wo warst du gestern?

B: Ich war zu Hause. Ich hatte Kopfschmerzen.

2. 현재 완료

독일어에서 현재완료형은 일상대화에서 과거를 나타낼 때 주로 사용된다.

(1) 현재완료의 사용

A: Was **haben** Sie am Wochenende **gemacht**?

B: Ich **bin** zu Hause **geblieben** und **habe** mit meinen Kindern Bücher **gelesen**.

A: Ich **bin** lange spazieren **gegangen**.

(2) 현재완료의 형태 (조동사 haben/sein + 과거분사)

a. '*haben*' oder '*sein*'

haben + pp.(Partizip Perfekt, 과거분사)	
• Ich habe gestern eine Tasche gekauft.	(타)동사 대부분
• Habt ihr euch schon entschieden?	재귀 동사
• Heute Vormittag hat es geregnet. • Es hat geklingelt.	비인칭 주어 문장

sein + pp.(Partizip Perfekt, 과거분사)	
• Wir sind am Wochenende in die Berge gefahren.	자동사(장소의 이동) *gehen, kommen, fahren, fliegen, steigen, sinken, ...*
• Mein Sohn ist gerade eingeschlafen.	자동사(상태의 변화) *einschlafen, aufwachen, wachsen, sterben, aufstehen, ...*
• Gestern bin ich in München gewesen. • Wann ist der Unfall passiert? • Es ist mir gelungen, den Test zu bestehen.	*sein, bleiben, werden;* *geschehen, passieren, vorkommen;* *gelingen*

현재 완료형에서 재귀 동사, -ieren으로 끝나는 동사 그리고 대부분의 타동사는 조동사 haben을 취하고, 자동사 중 장소의 이동이나 상태의 변화를 나타내는 자동사 그리고 sein, werden 등은 조동사 sein을 취한다.

b. 과거분사의 형태

과거분사 Partizip Perfekt			
규칙동사	기본형	**ge**kauf**t**	*hat gekauft, hat gemacht, hat gefragt, ...*
	분리전철	**einge**kauf**t**	*hat eingekauft, hat aufgemacht, ...*
	비분리전철	**be**zahl**t**	*hat bezahlt, hat verkauft, hat erzählt, ...*
	-ieren	studiert	*hat studiert, hat telefoniert, hat diskutiert, ...*
불규칙동사	기본형	**ge**gang**en**	*ist gegangen, hat genommen, hat gegessen,...*
	분리전철	**abge**fahr**en**	*ist abgefahren, hat angefangen, hat eingeladen,..*
	비분리전철	**ver**gess**en**	*hat versprochen, hat entschieden, hat begonnen,..*
혼합동사		gedacht	*hat gebracht, hat gewusst, hat gekannt, ...*

- 규칙변화 동사는 부정형의 어간에 ge...t를 붙여 과거분사를 만든다.
- 비분리 동사와 -ieren으로 끝나는 동사는 과거분사에서 ge-를 생략한다.
- 불규칙 변화 동사는 부정형의 어간에 ge...en을 붙여 과거분사를 만든다.

3. 접속사 'weil'

접속사 ' *weil*'은 '*da*'와 '*denn*'과 더불어 인과적 의미를 가진다.

weil	Peter hat eine Grippe, weil er im Regen Fussball gespielt hat.	-warum으로 묻는 질문에 대한 답 -구어체에서 대부분 사용
da	Da das Wetter heute schlecht ist, bleibe ich lieber zu Hause.	-문장 앞에서는 weil보다 da를 주로 사용 -일반적으로 알려진 이유를 표현할 때
denn	Ich komme mit dem Fahrrad, denn ich habe kein Auto.	-정치한다(denn+주어+동사).

Übung 1 다음의 문장들을 'weil'로 연결하세요.

1) Ich kann kein neues Auto kaufen. Ich habe nicht genug Geld.

____.

2) Eva geht zur Bank. Sie will Geld abheben.

____.

3) Paula ist glücklich. Sie hat sich verliebt.

____.

Übung 2 다음의 문장들을 'denn'으로 연결하세요.

1) Die Stadt ist toll. A. Es gibt viele gute Restaurants.

2) Ich mag das Museum. B. Wir haben viel gesehen und gemacht.

3) Wir essen sehr viel. C. Man kann viel machen.

4) Abends sind wir müde. D. Kunst gefällt mir.

1) Die Stadt ist toll, denn man kann viel machen.

2) ______________________________.

3) ______________________________.

4) ______________________________.

Übung 3 다음 동사들이 '*haben*'을 취할 경우 (h), '*sein*'을 취할 경우 (s)를 적고난 후에 다음 문장의 빈칸을 채우세요.

sitzen ( )	fahren ( )	besuchen ( )	werden ( )	machen ( )
umziehen ( )	gefallen ( )	sich verletzen ( )	baden ( )	liegen ( )

1) Frida ______ im Wartezimmer _____________. (sitzen)

2) Wir ________ eine Stunde mit dem Zug ________________. (fahren)

3) In den Ferien _______ wir immer meine Großeltern _________. (besuchen)

4) Ich ____ müde _______. (werden)

5) Wir ________ zusammen Ausflüge ________(machen), am Strand __________(baden), und in der Sonne ___________.(liegen)

6) Evi ________ nach Bonn _________. (umziehen)

7) Der Film _____ mir nicht __________. (gefallen)

8) Paul _______ sich beim Rasieren ___________. (sich verletzen)

Übung 4 괄호 안의 동사를 현재완료형 혹은 과거형으로 바꿔 적으세요.

1) Als Kind __________ ich im Sommer oft bei meinen Großeltern. (sein)

2) Sie __________ in der Nähe von Konstanz ______________. (wohnen)

3) Im Sommer _______ wir immer im Bodensee __________. (schwimmen)

4) Wir __________ viel Spaß. (haben)

5) Danach __________ wir oft Fisch ____________________. (essen gehen)

6) Das __________ immer sehr lecker. (sein)

C. 대화 Dialoge

Dialog 1 Was hast du in den Ferien gemacht?

Peter: Wo warst du in den Ferien?

Sumi: Ich war in Berlin.

Peter: Wie war es?

Sumi: Es war super. Warst du schon mal in Berlin?

Peter: Nein, da war ich leider noch nicht. Was hast du denn da alles gemacht?

Sumi: Ziemlich viel. Zuerst habe ich den Reichstag besichtigt und das Brandenburger Tor gesehen. Dort bin ich auf der Straße „Unter den Linden" spazieren gegangen und habe viele Museen besichtigt. Am Samstagvormittag habe ich eine Stadtrundfahrt gemacht und bin mit dem Schiff gefahren.

Peter: Das war ja ein tolles Programm. Wo hast du übernachtet?

Sumi: Ich habe in einer Jugendherberge geschlafen.

Peter: Und wie war das Wetter?

Sumi: Das Wetter war super. Es war sonnig.

Übung 1 위의 내용을 읽고 질문에 알맞은 답을 고르세요.

1) Wo war Sumi in den Ferien?

a. München b. Berlin c. Bonn d. Hamburg

2) Wie war Berlin?

a. sehr gut b. gut c. es geht d. nicht so gut

3) Was hat Sumi in Berlin nicht gemacht?

a. den Reichstag besichtigt b. eine Stadtrundfahrt gemacht

c. mit dem Schiff gefahren d. das Kanzleramt fotografiert

4) Wo hat sie übernachtet?

a. Hotel b. Ferienwohnung c. Pension d. Jugendherberge

Übung 2 빈칸에 들어갈 말로 알맞은 것을 고르세요.

A: Hallo, Manuela! Wie geht es dir?

B: Danke. Sehr gut. ______________________. Es war toll.

A: Wo wart ihr denn?

B: Wir waren in den Bergen.

1) Wir kommen von einer Geschäftsreise.

2) Wir kommen gerade aus dem Urlaub.

3) Wir sind zu Hause geblieben.

4) Wir fahren in den See.

Übung 3 다음의 구문들을 현재완료 문장으로 만드세요.

1) Meine Eltern/ letztes Jahr/ mit dem Auto/ nach Bremen fahren//und dort/ eine Woche/ bleiben

____.

2) Peter/ heute/ einkaufen// und/ für das Abendessen/ kochen

____.

3) Ich/in die Stadt gehen / gestern. dort/ meine Freundin treffen

____.

Dialog 2 Am Schalter am Bahnhof

Sumi: Guten Tag. Ich möchte eine Fahrkarte nach Berlin.

Beamter: Einfach oder hin und zurück?

Sumi: Einfach bitte.

Beamter: Haben Sie eine BahnCard?

Sumi: Nein, leider nicht. Wie viel kostet die Fahrkarte?

Beamter: Die Fahrkarte ohne BahnCard kostet 54 Euro.

Sumi: Wann fährt der nächste Zug nach Berlin?

Beamter: Der Zug nach Berlin fährt um 8.15 Uhr vom Gleis 2 ab.

Sumi: Wann kommt der Zug in Berlin an?

Beamter: Die Ankunftszeit ist um 12.20 Uhr .

Sumi: Vielen Dank. Auf Wiedersehen.

Beamter: Bitte sehr. Auf Wiedersehen.

Übung 1 위의 내용을 읽고 질문에 알맞은 답을 적으세요.

1) Wohin möchte Sumi fahren? ____________

2) Hat Sumi eine BahnCard? ____________

3) Wie viel kostet die Fahrkarte nach Berlin? ___________

4) Von welchem Gleis fährt der Zug nach Berlin ab? ______________

Übung 2 A에 대한 설명으로 옳지 않은 것을 고르세요.

A: Ich möchte morgen Vormittag gegen neun Uhr mit dem ICE nach Frankfurt fahren.

B : Dann können Sie den ICE 1234 nehmen. Der fährt um 9.15 Uhr ab.

A : Gut, den nehme ich. Eine einfache Fahrkarte zweiter Klasse bitte.

1) ICE를 이용하려 한다. 2) 일등석 차표를 사려 한다.

3) 프랑크푸르트에 가려 한다. 4) 편도 차표를 원한다.

D. 연습문제 Übungen

1. 다음은 여행과 관련된 표현입니다. 여행에서 무엇을 했는지에 관해 보기에서 골라 문장 5개를 만들어 보세요.

ich bin	ich habe	ich habe
am Strand spazierengegangen	*eine Reise gemacht*	*einen Krimi gelesen*
im Hotel geblieben	*ein Auto gemietet*	*E-Mails geschrieben*
Ski gefahren	*Geld gewechselt*	*Freunde getroffen*
in den Bergen gewandert	*mit Freunden telefoniert*	*gut gegessen*
in den Bus eingestiegen	*viel eingekauft*	*lange geschlafen*
in der Sonne gelegen	*Freunde besucht*	*Kaffee getrunken*

1) Ich bin am Strand spazieren gegangen.

2) ______________________________.

3) ______________________________.

4) ______________________________.

5) ______________________________.

2. (1) 현재완료형으로 문장을 만드세요. (1)에서 알맞은 동사를 찾아 (2)의 빈칸을 채우세요.

1) • besuchen: Wir haben ______________

• machen: ____________________

• fahren: ____________________

• baden: ____________________

• essen: ____________________

2) Zuerst haben wir Freunde _________. Wir haben einen Ausflug _________. Dann sind wir ans Meer _________. Am Nachmittag haben wir im Meer _________. Am Abend haben wir im Restaurant _________.

3. Mit dem Fahrrad durch Österreich. Christine와 Max는 오스트리아를 자건거로 여행했다. 해당되는 완료형을 보기에서 골라 적으세요.

• gefahren(sein) • geblieben(sein) • geschrieben(haben) • gefallen(sein) • gearbeitet(haben) • besichtigt(haben) • passiert(sein) • geholfen(haben)

Liebe Petra,

ich _____ lange nichts ___________. Seit drei Monaten fahren wir mit dem Fahrrad durch Österreich. Es ist toll! Wir _______ von Bregenz über Innsbruck nach Salzburg ___________. In Innsbruck _______ wir eine Woche ___________. Innsbruck ist super! Wir _____ viele Sehenswürdigkeiten und die Altstadt ___________. Danach ______ wir nach Linz ___________. Hier ______ ein Unfall ____________: Max _______ vom Rad _________, aber eine Frau _______ uns ___________. Wir ______ hier in Linz einen Monat in einem Restaurant ______________.

Liebe Grüße von Christine und Max

4. 다음 대화 내용을 읽고 빈칸을 채우세요.

Hotel: Hotel Garni, mein Name ist Eva Kring, was kann ich für Sie tun?
Sumi: Guten Tag, mein Name ist Sumi Lee. Ich möchte gern ein Einzelzimmer bei Ihnen reservieren.
Hotel: Wann möchten Sie anreisen?
Sumi: Am 3. Mai.
Hotel: Ja, gerne. Am 3. Mai wäre ein Zimmer frei.
Sumi: Was kostet das Zimmer denn?
Hotel: Ein Einzelzimmer inkl. Frühstück kostet 78 Euro. Wie kommen Sie nach Dresden?
Sumi: Ich reise mit dem Zug an.
Hotel: Am Bahnhof nehmen Sie die S-Bahn Nummer 3 und steigen an der Haltestelle Maxstraße aus. Sie sehen das Hotel rechts an der Ecke.

1) Sumi sucht ein Zimmer am _________ .

2) Sie braucht ein _________.

3) Das Zimmer kostet ___________ Euro.

4) Sie kommt mit dem _______________.

5. 동사를 현재완료로 바꿔 문장을 완성하세요.

1) (wohnen) Früher _______ ich im Sommer bei meinem Großvater _______.

2) (leben) Er ________ in der Nähe von Hamburg ___________.

3) (besuchen) In den Ferien _____________ wir immer meinen Onkel und meine Tante _____________.

4) (machen) Wir ______ zusammen Ausflüge an den Strand __________ und (baden)_________.

5) (kaufen) Danach _____________ wir oft Fisch ___________.

6) (braten) Zu Hause _____________ wir den Fisch _____________. Das war immer total lecker.

7) (anfangen) Mit 19 _____________ ich mein Studium _____________.

8) (besuchen) Ich _______ ihn jeden Sommer eine Woche lang ________.

Garmisch-Partenkirchen

E. 대화문

■ *Dialog 1* 너는 방학 때 뭐했니?

페터: 너는 방학 때 어디 갔었니?
수미: 나는 베를린에 갔었어.
페터: 어땠어?
수미: 아주 좋았어. 너도 베를린에 한번 가본 적 있니?
페터: 아니, 아직 안 가봤어. 거기서 뭐했어?
수미: 꽤 많은 걸 하면서 지냈어. 우선 국회의사당 건물을 견학했고 브란덴부르크문도 봤어. '운터 덴 린덴'로를 산책도 했고 박물관도 여럿 관람했지. 토요일 오전에는 베를린 시내관광투어를 했고 배도 탔어.
페터: 정말 멋진 여행 프로그램이었구나. 숙박은 어디서 했니?
수미: 유스호스텔에 묵었어.
페터: 그런데 날씨는 어땠어?
수미: 날씨는 아주 좋았어. 해도 나고 화창한 날씨였어.

■ *Dialog 2* 기차역 매표소에서

수미: 안녕하세요. 베를린 가는 티켓 한 장 부탁합니다.
매표원: 편도입니까 아니면 왕복이십니까?
수미: 편도로 부탁할게요.
매표원: 혹시 반카드(기차요금할인카드) 갖고 계신가요?
수미: 아니오, 없어요. 기차표 가격이 얼마죠?
매표원: 기차표 가격은 반카드 없이 54유로입니다.
수미: 베를린 가는 다음 기차는 언제 출발하나요?
매표원: 베를린 가는 기차는 8시 15분에 2번 플랫폼에서 출발합니다.
수미: 기차는 베를린에 언제 도착하죠?
매표원: 도착 시간은 오후 12시 20분입니다.
수미: 고맙습니다. 안녕히 계세요.
매표원: 천만에요. 안녕히 가세요.

LEKTION 13

Im Kleidergeschäft

A. 어휘와 표현 Wörter und Ausdrücke

1. 옷 Kleidung

다음은 옷에 관한 단어들입니다. 사전에서 뜻과 복수형을 찾아 쓰고, 상의와 하의를 분류해 보세요.

단수	뜻	복수	상의	하의	기타
die Hose	________	die			
das Kleid	________	die Kleider	√		
das Hemd	________	die			
der Anzug	________	die			
die Jeans	________	die Jeans			
die Jacke	________	die			
der Mantel	________	die			
die Mütze	________	die			
der Schuh	________	die Schuhe			
der Schal	________	die			
die Weste	________	die			
der Gürtel	________	die			
der Anorak	________	die Anoraks			
die Socke	________	die			
der Pullover	________	die			
das T-Shirt	________	die			
der Handschuh	________	die			
der Rock	________	die			
der Stiefel	________	die			
das Top	________	die			
die Bluse	________	die Blusen			

※ 옷과 관련된 표현

• altmodisch/ modern 유행에 뒤진/ 현대적인	• praktisch 실용적인	
• hässlich/schick,schön 흉한/멋진	• bequem 편안한	• elegant 세련된

- Was **ziehst** du **gern an**? Ich ziehe gern Pullover an.
  어떤 옷을 즐겨 입니? 나는 스웨터를 즐겨 입어.
- Wie **gefällt** dir das T-Shirt? Das gefällt mir sehr gut/ gut. (nicht/ gar nicht/ überhaupt nicht) 이 티셔츠 네 맘에 드니? 아주 맘에 들어(맘에 안들어).
- Die Hose gefällt mir(dir, ihm/ihr, uns, euch, ihnen/Ihnen). 이 바지 내 맘에 들어.
- Der Pullover **passt** dir. 이 스웨터 사이즈가 맞아.
- Die Jeans **steht** Ihnen gut. 이 청바지 잘 어울리시네요.

2. 날씨

- Es regnet. 비가 온다. • Es schneit. 눈이 온다. • Es ist kalt. 춥다.
- Es ist bewölkt. 구름이 낀다. • Es ist sonnig. 해가 난다. • Es ist heiß. 덥다.
- Es ist windig. 바람이 분다.

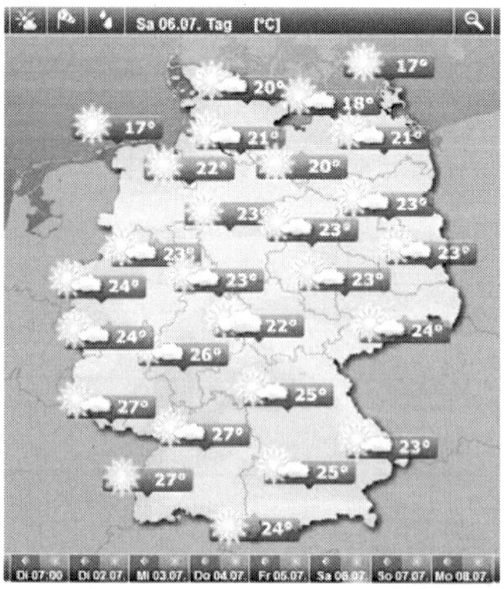

die Wettervorhersage

Übung 1 백화점에서 쇼핑을 하려고 합니다. 안내문을 보고 아래의 질문에 답하세요.

3. OG
Kinderabteilung Kinderschuhe, Mädchenbekleidung, Jungenbekleidung, Babywäsche
2. OG
Damenbekleidung Mäntel, Jacken, Hosen, Blusen, Röcke, Kleider, Bademode, Damenschuhe
1. OG
Herrenbekleidung Anzüge, Mäntel, Hemden, Hosen, Pullover, Herrenschuhe
Erdgeschoss
Schmuck, Gürtel, Lederwaren, Unterwäsche, Strumpfwaren

im Erdgeschoss	1층
im ersten Stock	2층
im zweiten Stock	3층
im dritten Stock	4층

1) A: Entschuldigung, ich suche einen Herrenmantel.

B: Herrenmäntel finden Sie im ersten Stock.

2) A: Entschuldigung, ich suche einen Rock.

B: ____.

3) A: Entschuldigung, ich suche ein Mädchenkleid.

B: ____.

4) A: Entschuldigung, ich suche ein Kleid.

B: ____.

5) A: Entschuldigung, ich suche Kinderschuhe.

B: ____.

Übung 2 해당되는 것을 서로 연결해 보세요.

• Wo kann ich bezahlen?	1)	a. Ja, gern. Die Umkleidekabinen sind hinten rechts.
• Wo finde ich Herrenhosen?	2)	b. Größe 36? Einen Moment, bitte. Nein, Größe 36 haben wir nicht.
• Entschuldigung, wo finde ich die Toiletten?	3)	c. Die Herrenbekleidung ist im 1. Stock.
• Kann ich die Bluse anprobieren?	4)	d. Die sind im Erdgeschoss und im 3. Stock.
• Haben Sie das Kleid auch in Größe 36?	5)	e. Die Kasse ist direkt neben der Treppe.

Im Kleidergeschäft

B. 문법 **Grammatik**

1. 형용사의 부가적 사용

• 형용사는 사람이나 사물의 특성을 표현할 때 사용된다. 형용사는 술어적으로 사용될 수 있을 뿐만 아니라 명사를 수식하는 수식어로도 사용된다.

- Die Tasche ist blau. Die blaue Tasche gehört mir.

• 형용사가 명사 앞에서 수식어로 사용될 때 다음과 같이 세 가지로 구분된다.

1) 형용사의 강변화: '형용사 + 명사' (관사가 없을 때)

	남성	여성	중성	복수
1격	klein**er** Tisch	klein**e** Uhr	klein**es** Auto	klein**e** Tische klein**e** Uhren klein**e** Autos
4격	klein**en** Tisch	klein**e** Uhr	klein**es** Auto	klein**e** Tische klein**e** Uhren klein**e** Autos

- Ich habe großen Hunger.
- Ich mag am liebsten italienisches Eis.
- Spanische Äpfel kaufe ich nicht.

2) 형용사의 약변화: '정관사(류) + 형용사 + 명사'

• 형용사는 정관사와 정관사류인 all-, dies-, jed- 가 앞에 올 때 약변화한다.

	남성	여성	중성	복수
1격	der klein**e** Tisch	die klein**e** Uhr	das klein**e** Auto	die klein**en** Tische die klein**en** Uhren die klein**en** Autos
4격	den klein**en** Tisch	die klein**e** Uhr	das klein**e** Auto	die klein**en** Tische die klein**en** Uhren die klein**en** Autos

- Die bunte Hose gefällt mir nicht.

- Ich nehme immer das frische Gemüse.

3) 형용사의 혼합 변화: '부정 관사(류) + 형용사 + 명사'

• 형용사는 부정 관사 ein-과 소유 관사와 kein- 이 앞에 올 때 혼합 변화한다.

	남성	여성	중성	복수
1격	ein klein**er** Tisch	eine klein**e** Uhr	ein klein**es** Auto	keine klein**en** Tische keine klein**en** Uhren keine klein**en** Autos
4격	einen klein**en** Tisch	eine klein**e** Uhr	ein klein**es** Auto	keine klein**en** Tische keine klein**en** Uhren keine klein**en** Autos

- Stefan trinkt gern ein kaltes Bier.

2. 3격 지배 동사

독일어에는 3격을 지배하는 동사들이 있다. 이 그룹의 동사들의 수는 많지 않으며 대개 행동을 받는 인물로 3격이 나타난다.

• gefallen • gehören • fehlen • stehen • passen

- Die Jacke gefällt mir. 이 재킷은 내 맘에 들어.

- Der Pullover steht dir gut. 이 스웨터는 네게 잘 어울려.

※ 인칭대명사 3격

1격	3격
ich	mir
du	dir
er sie es	ihm ihr ihm

1격	3격
wir	uns
ihr	euch
sie Sie	ihnen Ihnen

Übung 1 Koffer packen. 알맞은 어미를 적으세요.

Ich fahre morgen in Urlaub. Ich muss meinen Koffer packen. Was brauche ich alles?

Ich brauche ein schön___ T-Shirt und eine schwarz___ Jeans. Dann brauche ich einen warm___ Pullover und eine lang___ Hose. Vielleicht nehme ich auch noch ein bunt___ Kleid mit. Dann packe ich noch die grün____ Socken ein.

Übung 2 보기와 같이 질문과 답을 만드세요.

• neu • sauber • billig • schwierig • unbequem • leicht

1) Arbeit - schwierig: Ist die Arbeit schwierig? - Nein, das ist eine leichte Arbeit.

2) Jeans - alt:

____.

3) Kleid - bequem:

____.

4) Bluse - schmutzig:

____.

5) Pullover - teuer:

____.

Übung 3 빈칸에 알맞은 어미를 적어 넣으세요.

> Nette Verkäuferin gesucht!!
> Wir suchen ab sofort für unsere Damenboutique eine jung__ Verkäuferin. Wir erwarten eine motiviert__ Mitarbeit in unserem Team. Wir bieten Ihnen eine interessant__ Arbeit, eine leistungsorientiert__ Bezahlung und Arbeitszeiten nach individueller Absprache. Interesse? Dann senden Sie eine kurz__ schriftlich__ Bewerbung an Frau Lanz.

Übung 4 다음 텍스트를 읽고 빈칸을 채우세요.

Susanne trägt eine weiße Bluse und einen blauen Rock.

Mark trägt einen blauen Anzug, ein blaues Hemd und eine hellblaue Krawatte.

Dazu trägt er braune Schuhe.

1) Das Hemd steht __________ überhaupt nicht.

2) Der Rock passt ___________ nicht.

3) Ich finde die beiden toll. Die Sachen stehen ____________ super.

C. 대화 Dialoge

Dialog 1 Kann ich Ihnen helfen?

Verkäuferin: Guten Tag. Kann ich Ihnen helfen?

Sumi: Ja, könnte ich die blaue Jeans mal anprobieren?

Verkäuferin: Natürlich, welche Größe haben Sie?

Sumi: Größe 36, bitte.

Verkäuferin: Hier, bitte.

Sumi: Sie ist zu eng. Haben Sie die auch in Größe 38?

Verkäuferin: Einen Moment, bitte. Hier ist die blaue Jeans in Größe 38.

Sumi: Und haben Sie auch einen weißen Pullover?

Verkäuferin: Wie gefällt Ihnen der weiße Pullover hier?

Sumi: Gut, ich nehme den weißen Pullover und die blaue Jeans.

Übung 1 위의 내용을 읽고 질문에 알맞은 답을 고르세요.

1) Was möchte Sumi kaufen? a. Mantel b. Rock c. Jeans d. Kleid

2) Gefällt ihr der weiße Pullover?

a. Ja, er gefällt ihr. b. Nein, er gefällt ihr nicht.

3) Welche Größe hat Sumi? a. 34 b. 36 c. 40 d. 42

Übung 2 옷을 살 때의 질문과 대답으로 바르게 짝 지어지지 않은 것을 고르세요.

1) A : Guten Tag, Sie wünschen? - B : Ich suche einen Mantel.

2) A : Steht mir der Rock? - B : Ja, er steht im Regal.

3) A : Welche Farbe möchten Sie? - B : Ich hätte gern eine rote Bluse.

4) A : Welche Größe haben Sie? - B : Ich glaube, 36.

Übung 3 다음은 점원과 손님이 나누는 대화입니다. 대화의 순서를 번호로 적고 노트에 전체 대화를 적어 보세요.

	Verkäuferin		Kundin
( )	An der Kasse. Dort rechts, neben der Rolltreppe.	( )	Danke, auf Wiedersehen.
( )	39,90 €.	( )	Er passt sehr gut. Er gefällt mir. Wie viel kostet er?
( )	Natürlich, da vorne sind die Umkleidekabinen.	( )	Oh, das ist günstig. Dann nehme ich ihn. Wo kann ich bezahlen?
(1)	Kann ich Ihnen helfen?	(2)	Ja, kann ich den Rock mal anprobieren?

Dialog 2 Reklamieren

Verkäuferin: Guten Tag. Kann ich Ihnen helfen?

Sumi: Guten Tag. Ich habe gestern bei Ihnen diesen Pullover gekauft. Er hat einen Fehler. Hier sehen Sie, hinten ist ein Fleck.

Verkäuferin: Stimmt! Oh das tut mir leid.

Sumi: Nehmen Sie den Pullover zurück?

Verkäuferin: Selbstverständlich. Haben Sie den Kassenzettel dabei?

Sumi: Bitte schön. Kann ich dafür ein anderes Kleidungsstück nehmen?

Verkäuferin: Ja. Haben Sie sich schon etwas ausgesucht?

Sumi: Eigentlich, ja. Was kostet dieses T-Shirt?

Verkäuferin: 35 €.

Sumi: Wie viel muss ich noch dazuzahlen?

Verkäuferin: Der Pullover kostet 25 € und das T-Shirt kostet 35 €. Also müssen Sie noch 10 € zahlen.

Sumi: Bitte schön. Vielen Dank! Auf Wiedersehen.

Verkäuferin: Auf Wiedersehen.

Übung 1 위의 내용을 읽고 질문에 알맞은 답을 고르세요.

1) Was will Sumi reklamieren?

a. die Hose b. das T-Shirt c. die Jeans d. den Pullover

2) Was nimmt sie dafür?

a. die Hose b. das T-Shirt c. die Jeans d. den Pullover

3) Wie viel muss sie noch dazu zahlen?

a. 10 € b. 15 € c. 20 € d. 25 €

Übung 2 빈칸에 들어갈 말로 알맞지 않은 것을 고르세요.

A : ________________________?

B : Ich suche einen roten Rock.

1) Bitte schön 2) Was darf es sein

3) Was kann ich für Sie tun 4) Können Sie mir helfen

D. 연습문제 Übungen

1. 빈칸에 알맞은 어미를 고르세요.

1) Er trägt ein kurz___ Hose und ein weiß___ Hemd.

a. -en, -es　　b. -er, -es　　c. -es, -er　　d. -e, -es

2) Sie hat ein bunt__ Kleid und braun__ Schuhe an.

a. -en, -es　　b. -er, -es　　c. -es, -e　　d. -e, -es

3) Er trägt einen lang__ Mantel und eine schick__ Mütze.

a. -e, -es　　b. -er, -en　　c. -es, -e　　d. -en, -e

2. 질문과 대답으로 바르게 짝지어지지 않은 것을 고르세요.

1) Passt ihm das Hemd? - Ja, die Größe ist genau richtig.

2) Gefällt Ihnen der Mantel nicht? - Doch, der gefällt mir nicht gut.

3) Sieh mal, die Hose! - Schön! Die gefällt mir.

4) Gefallen dir die Kleider? - Nein, die gefallen mir nicht so gut.

3. 보기에서 알맞은 것을 골라 다음 질문에 대답해 보세요.

- der Mantel • der Regenmantel • der Badeanzug • der Anorak
- der Schal • der Pullover • die Sonnenbrille

Was tragen Sie	im Winter?	Im Winter trage ich einen Mantel.
	im Frühling?	______________________________
	im Sommer?	______________________________
	im Herbst?	______________________________

4. 보기에서 알맞은 형용사를 골라 빈칸을 채우세요.

• bewölkt • heiß • kalt • nass • sonnig • windig

1) Es sind 40 Grad! - Mensch, ist das ________.

2) Es regnet! Ich bin ganz ________.

3) Ist der Himmel heute blau? - Nein, er ist ________.

4) Scheint es bei euch die Sonne? - Ja, hier ist es ________.

5) Ist es draußen ________ ? - Ja, wir haben starken Wind.

6) Gestern Nacht hatten wir 0 Grad. - Ja, es war sehr ________.

5. 다음 단어를 이용해 문장을 완성하세요. 밑줄친 단어로 시작하세요.

1) Die Stiefel sind schön. Kauf sie doch.

(sie/ nicht/ passen /leider/ mir/.) ________________________.

2) Ich finde keine Hose für mich.

(ein Geschäft/ empfehlen/ können/ dir / ich/ .) ________________________.

3) Probier diesen Anzug an! Der ist schön.

(nicht so gut/ ihn/ finden/ ich/ aber/ .) ________________________.

4) Ich brauche einen Mantel.

(mit dir/ einkaufen/ morgen/ gehen/ ich/ .) ________________________.

6. Was ziehe ich an? 어떤 옷을 입는 것이 좋을지 보기를 활용하여 적어 보세요.

• Anzug • Kleid • Trainingsanzug • kurze Hose • Top • Jeans • Hemd • Bluse • Pullover • T-Shirt

1) Auf einer Hochzeit ziehe ich einen Anzug an.

2) Zu Hause trage ich ________________________.

3) Im Fitness-Studio trage ich ________________________.

4) Beim Spaziergang trage ich ____________________.

5) Im Büro ziehe ich ______________________ an.

7. Peter, Laura, Elsa, Elke는 백화점에서 물건을 찾고 있다. 다음 텍스트를 읽고 무엇을 찾고 무엇을 사는지를 적어 보세요.

Peter, Laura, Elsa und Elke sind im Kaufhaus. Sie suchen Schuhe, ein Kleid, Sportschuhe und einen Gürtel. Sie kaufen Schokolade, Duschgel, Tassen und einen Schal. Peter sucht Schuhe, aber er kauft einen Schal. Laura kauft ein Duschgel. Elsa sucht ein Kleid, sie kauft keine Tassen. Elke sucht einen Gürtel, sie kauft aber Tassen.

	Peter	Laura	Elsa	Elke
Das suchen sie:	Schuhe			
Das kaufen sie:	Schal			

E. 대화문

■ ***Dialog 1* 무엇을 도와드릴까요?**

판매원: 안녕하세요. 무엇을 도와드릴까요?

수미: 네, 여기 파란색 진바지 좀 입어볼 수 있나요?

판매원: 물론이죠. 사이즈가 어떻게 되시죠?

수미: 36 사이즈입니다.

판매원: 여기 있습니다.

수미: 바지가 너무 좁네요. 38 사이즈 있으세요?

판매원: 잠시 만요. 여기 이 파란색 바지는 치수가 38입니다.

수미: 그리고 흰색 스웨터도 있나요?

판매원: 여기 이 흰색 스웨터 맘에 드시나요?

수미: 네, 좋네요. 저는 그럼 흰색 스웨터하고 파란색 바지를 사겠습니다.

■ ***Dialog 2* 고객불편 신고**

판매원: 안녕하세요. 무엇을 도와드릴까요?

수미: 안녕하세요? 어제 이곳에서 이 스웨터를 샀어요. 그런데 하자가 있어서요. 여기 좀 보세요, 이 뒷부분에 얼룩이 있어요.

판매원: 그러네요! 정말 죄송합니다.

수미: 이 스웨터 환불되는 거죠?

판매원: 물론이죠. 영수증 가지고 오셨죠?

수미: 여기 있어요. 그런데 이 스웨터 대신에 다른 옷으로 바꿀 수 있나요?

판매원: 네. 봐두신 옷이 있으세요?

수미: 사실은 있어요. 이 티셔츠 얼마죠?

판매원: 35 유로입니다.

수미: 그럼 제가 얼마를 더 지불해야 하나요?

판매원: 스웨터가 25유로이고 티셔츠가 35유로입니다. 그러니까 10유로를 더 내시면 됩니다.

수미: 여기 있습니다. 고맙습니다. 안녕히 계세요.

판매원: 안녕히 가세요.

München

정답 Lösungen

Lektion 1

1. 4) 2. 3) 3. 2) 7) 9)

Lektion 2

A.

Übung 1

1) Sie, Sie 2) du

Übung 2

1) E 2) A 3) C 4) B 5) D 6) F

B.

Übung 1

1) Er 2) Sie 3) Sie

Übung 2

	heißen	sein	kaufen	gehen	wohnen
ich	heiße	bin	kaufe	gehe	wohne
du	heißt	bist	kaufst	gehst	wohnst
er/sie/es	heißt	ist	kauft	geht	wohnt
wir	heißen	sind	kaufen	gehen	wohnen
ihr	heißt	seid	kauft	geht	wohnt
sie/Sie	heißen	sind	kaufen	gehen	wohnen

1) -t 2) -t, Es (Sie) 3) ist, ist 4) -t, -e 5) -en, -e

Übung 3

1) heißt, heiße 2) bist, bin, heißt 3) geht es, gut, dir

C.

Dialog 1

Übung 1

1) Aus Korea 2) Julia, Berlin

Übung 2

(2)

Dialog 2

Übung 1

1) Gonzales 2) Aus Spanien 3) Greg

Übung 2

1) c 2) a 3) b

Dialog 3

Übung 1

1) a 2) b

Übung 2

b

D.

1. -t, -en, -en, -t, -t, -en, -en, -et, -t, -t, -t, -en
2. 1) Wo 2) Woher 3) Wer 4) Wo 5) Wie 6) Wer
3. 1) Guten, heiße, Woher 2) aus, dir
4. 1) d 2) b 3) a 4) c 5) f 6) e
5. 1) studiert 2) arbeitet 3) lebe 4) heißt
6. 2) Ich heiße Jonas. Ich komme aus Deutschland. Ich wohne in Kiel.
   3) Ich heiße Jonghun. Ich komme aus Korea. Ich wohne in Busan.
7. 2) lernst 3) studiert 4) frage 5) kauft 6) trinken 7) mache 8) wohnst 9) hört 10) lebe

Lektion 3

A.

Übung 2

2) dunkel 3) dick 4) neu 5) billig 6) schlecht 7) groß

Übung 3

1) Das ist ein Stuhl. Der Stuhl ist klein.

2) Das ist ein Haus. Das Haus ist groß.

3) Das ist ein Deutschbuch. Das Deutschbuch ist interessant.

4) Das ist eine Pizza. Die Pizza ist dünn.

5) Das ist ein Tisch. Der Tisch ist lang.

6) Das ist eine Tasche Die Tasche ist blau.

B.

Übung 1

1) Studentin 2) Januar 3) Zentrum 4) Lampe

Übung 2

남성: Südwesten, Vormittag, August, Lehrling, Sommer, Italiener

여성: Frau, Musik, Ärztin, Freundschaft, Möglichkeit, Gesundheit, Stunde

중성: Mädchen, Tischlein, Lernen, Essen, Brötchen, Auto

Übung 3

1) keine, eine

2) keine, eine

3) kein, ein

4) keine, ein

Übung 4

den, die, die, das, die

Übung 5

eine, ein, einen, eine, eine, eine

C.

Dialog 1

Übung 1

der: Kuli, Schlüssel, Bleistift

die: Brille, Zeitung, Blume

das: Fenster, Auto, Handy

Dialog 2

Übung 1

1)

D.

1. 2) Nein, das ist kein Fahrrad. Das ist ein Auto.
   3) Nein, das ist kein Kuli. Das ist ein Bleistift.
   4) Nein, das ist keine Zeitung. Das ist eine Uhr.
   5) Nein, das ist kein Stuhl. Das ist ein Tisch.
   6) Nein, das ist kein Spiegel. Das ist eine Brille.
   7) Nein, das ist kein Handy. Das ist eine Lampe.
2. 1) keinen, einen 2) keine, eine 3) kein, ein
3. (2)
4. (2)
5. 1) ein, kein 2) einen, keinen 3) eine, keine

Lektion 4

A.

Übung 1

1) Tante 2) Mann 3) Familie 4) Eltern, Generationen

Übung 2

1) einunddreißig 2) fünfundneunzig 3) sechshundertachtundsiebzig

4) zwölf 5) siebenhundertvierzehn

Übung 3

zehn(10), siebenunddreißig(37), achtunddreißig(38), dreiundsiebzig(73), neunundsechzig(69), zweihundertsiebenundvierzig(247), zwölf, 12

Übung 4

mein Großvater; meine Mutter, mein Vater; meine Tante, mein Onkel; meine Cousine, mein Cousin; meine Schwester

B.

Übung 1

1) mein 2) deine 3) sein 4) ihr 5) seine 6) unsere 7) euer 8) ihr

Übung 2

euer, Unser, dein, mein, Ihr

Übung 3

1) Ihre 2) Ihr, Ihr

C.

Dialog 1 & 2

Übung 1

1) zwei 2) 15 Jahre alt 3) Leonie 4) Ja.

Übung 2

Das ist die Familie von Herrn Müller. Das ist seine Frau. Er hat zwei Kinder. Das ist seine Tochter Leoni. Und das ist sein Sohn Jörg.

Übung 3

Mein, meine, Meine, Meine

D.

1.

Vorname: Julian Nachname: Putz Land: Österreich

Wohnort: New York
Beruf: Journalist
Alter: 48
Familienstand: ledig( ) verheiratet (0)
Kinder: drei

2. 2) ihr 3) ihre 4) ihr 5) ihre
3. 2) die Tante 3) die Cousine 4) die Frau
4. 1) mein 2) deine 3) sein 4) ihre 5) ihr
5. 1) fünfzehn 2) acht 3) dreißig 4) einundzwanzig, achtundzwanzig 5) neun, zwölf
6. 2) Mein 3) Deine 4) Seine 5) Ihr 6) Unsere 7) Eure 8) Ihr
7. 1) dein, dein 2) seinen 3) meine 4) unsere

Lektion 5

A1.

Übung 1

der	die	der	die
Programmierer	Programmiererin	Koch	Köchin
Bauarbeiter	Bauarbeiterin	Friseur	Friseurin
Verkäufer	Verkäuferin	Student	Studentin
Bäcker	Bäckerin	Arzt	Ärztin

Übung 2

1) g 2) f 3) d 4) a 5) i 6) e 7) b 8) c 9) h

Übung 3

1) f 2) b 3) c 4) e 5) a 6) d 7) h 8) g

A2.

Übung 1

spiele, male, höre

Übung 2

1) c 2) f 3) b 4) d 5) a 6) g 7) e

B.

Übung 1

2) fahren 3) essen 4) geben 5) helfen 6) fangen 7) fallen

8) tragen 9) sprechen 10) schlafen

Übung 2

lesen	**essen**	**fahren**	**waschen**
du liest	Michael isst	ihr fahrt	du wäschst
Peter liest	du isst	du fährst	ich wasche
ihr lest	ihr esst	er/sie/es fährt	Tom und Eva waschen

schlafen	**sprechen**	**sehen**	**laufen**
Rudi schläft	Max und Rena sprechen	wir sehen	du läufst
ich schlafe	du sprichst	du siehst	Max und Rena laufen
ihr schlaft	er/sie/es spricht	Tom sieht	er/sie/es läuft

Übung 3

1) a 2) c 3) b 4) d

Übung 4

1) Machst, mache 2) Spielt, spielt 3) Fährt, fährt

4) Triffst, treffe 5) Schwimmt, schwimmt

Übung 5

1) Lukas liest gern Zeitung.

2) Singt ihr gern?

3) Du reist gern.

4) Wäscht Frau Mauer gern die Wäsche?

C.

Dialog 1 & 2

Übung 1

1) Koch 2) Politik 3) Er joggt gern.

Übung 2

Dong Wook macht viel Sport. Er spielt gern Fußball und schwimmt viel.

Übung 3

나는 요리사이고 식당에서 일합니다.

Übung 4

Name: Sonja

Land: Deutschland

Alter: 22

Hobbys: Freunde treffen, ins Kino gehen, im Internet surfen, E-mails schreiben

D.

1. 1) Koch 2) Verkäuferin 3) Angestellter
2. 1) nimmst 2) schläft 3) siehst 4) fährst 5) liest 6) hilfst
3. 1) Christian schläft vor dem Fernseher.
   2) Tom liest im Bett die Zeitung.
   3) Nora trifft in der Stadt ihre Freundin.
   4) Luisa hilft anderen Menschen gern.
   5) Minsoo spricht schon gut Deutsch.
4. 1) Du isst Obst.
   2) Du fährst nach München.
   3) Du nimmst ein Mineralwasser.
   4) Du wäschst die Hose.
   5) Du gehst nach Hause.
   6) Du trägst eine blaue Hose.
5. 1) fährt 2) isst 3) schläft 4) sieht 5) wäscht, hilft 6) nimmt 7) liest 8) spricht
6. 1) ist 2) isst 3) laufen 4) spricht 5) fährt 6) schläft 7) hilft 8) nimmst
7. 1) Peter geht nicht, er läuft.
   2) Manuela trinkt nicht, sie isst.
   3) Petra bleibt nicht, sie fährt nach Hause.
   4) Julia kocht nicht, sie liest Zeitung.

Lektion 6

A.

1. 1) Wohngemeinschaft 2) Einfamilienhaus 3) Studentenwohnheim

Übung 1

2) das Esszimmer 3) das Badezimmer(=das Bad) 4) das Kinderzimmer
5) Küche 6) das Schlafzimmer 7) das Wohnzimmer

Übung 3

1) Ich finde die Wohnung teuer.
2) Ich finde den Balkon groß.
3) Ich finde den Garten schön.
4) Ich finde die Küche modern.
5) Ich finde das Kinderzimmer hell.
6) Ich finde den Flur lang.
7) Ich finde die Toilette klein.

Übung 4

Wohnzimmer	Schlafzimmer	Küche	Bad
• das Sofa • der Stuhl • der Tisch • die Stehlampe • das Bild • der Sessel	• das Bett • der Schrank	• der Herd • der Kühlschrank • die Kaffeemaschine • die Mikrowelle	• die Dusche • der Spiegel • die Waschmaschine • das Handtuch

Übung 5

Balkon, Bad, Schlafzimmer, Küche, Esszimmer

B.

Übung 1

1) die Lehrerinnen 2) die Fragen 3) die Schulen 4) die Bäume
5) die Uhren 6) die Preise 7) die Fotos 8) die Stühle
9) die Übungen 10) die Fahrräder 11) die Supermärkte 12) die Berufe
13) die Häuser 14) die Bücher 15) die Tomaten 16) die Tische

Übung 2

1) der Mann 2) der Arzt 3) das Hobby 4) das Bild
5) das Land 6) die Einladung 7) die Lehrerin 8) der Fuß
9) die Krankheit 10) das Kino 11) die Sache 12) die Oma
13) das Tier 14) die Kiwi 15) das Haar 16) die Toilette

Übung 3

1) den 3) den 4) die

Übung 4

1) den, Der 2) einen 3) der, Der

C.

Dialog 1

Übung 1

(2)

Übung 2

(4)

Übung 3

(3)

Dialog 2

Übung 1

(4)

Übung 2

(1)

D.

1. 1) das 2) die 3) Der 4) die
4. die Schreibtischlampe, der Schreibtisch, die Lampe
5. 1) 2 Kilo Tomaten 2) 10 Brötchen 3) 5 Fische 4) 20 Eier 5) 4 Becher Joghurt 6) 1 Kilo Bananen 7) 5 Flaschen Bier 8) 3 Salate 9) 2 Kilo Kartoffeln

10) 2 Dosen Ananas

6. 2) Dusche 3) Sofa 4) Garderobe 5) Esstisch

Lektion 7

A.

Übung 1

- am Morgen: aufstehen, frühstücken
- am Mittag: in der Kantine essen
- am Abend: fernsehen, Zeitung lesen
- am Vormittag: aufräumen
- am Nachmittag: einkaufen, Freunde treffen
- in der Nacht: schlafen

Übung 2

1) im 2) am 3) am 4) – 5) um 6) im 7) am 8) im 9) am 10) am

Übung 3

am, von - bis, Um

B.

Übung 1

1) ein 2) um 3) aus 4) an 5) auf 6) herein 7) zu 8) an

Übung 2

2) bereitet ... vor 3) räumt ... auf 4) fängt ... an 5) holt ... ab
6) kauft ... ein 7) sehen ... fern, macht ... aus 8) wäscht ... ab 9) hört ... auf
10) schläft ... ein

Übung 3

1) zwölf Uhr zehn - 12:10 - zehn nach zwölf
2) zehn Uhr dreißig - 10:30 - halb elf
3) sieben Uhr fünfzehn - 07:15 - Viertel nach sieben
4) neunzehn Uhr fünfzig - 19:50 - zehn vor acht
5) einundzwanzig Uhr fünfundzwanzig - 21:25 - fünf vor halb zehn

Übung 4

zur Arbeit, macht, kauft, auf, ruft...an, sieht, ins Bett

C.

Dialog 1

Übung 1

1) Richtig　2) Falsch　3) Falsch　4) Richtig

Übung 2

Am Wochenende steht Karl um 11 Uhr auf und frühstückt. Dann geht er schwimmen. Am Nachmittag geht er spazieren. Und am Abend kauft er ein und kocht.

Dialog 2

Übung 1

1) a　2) c　3) d

Übung 2

3)

D.

1. (4)
2. (4)
3. 1) Um Viertel vor neun.
   2) Von neun bis sechs.
   3) Fünf nach halb fünf
4. 1) Vera stehen jeden Morgen um halb neun auf.
   2) Sie geht oft ins Schwimmbad.
   3) Sie geht am Dienstagabend ins Theater.
   4) Sie trifft Ella und Rudi.
   5) Sie geht viel spazieren.
   6) Am Samstag geht sie aus.
   7) Am Sonntagnachmittag kauft sie mit Tilla ein.
5. 2) Die Deutschkurse fangen um neun Uhr an.
   3) Tom räumt sein Zimmer auf.

4) Marie sieht nicht gern fern.

5) Ich kaufe heute mit Karin ein.

6. 1) am, Um 2) um 3) Am

7. (3)

Lektion 8

A.

Übung 1

2) Drei Euro siebenundachtzig (3,87 €)

3) Ein Euro siebenundvierzig (1,47 €)

4) vierundzwanzig Euro zwanzig (24,20 €)

5) Zwei Euro neunundvierzig (2,49 €)

Übung 2

	Milch	Marmelade	Zucker	Zwiebeln
Verpackung	die Flasche	das Glas	die Packung	der Beutel
g/kg/l	Liter	Gramm	Kilo	Kilo

Übung 3

1) das Brot 2) den Reis, das Öl 3) das Fleisch 4) das Gemüse

Übung 4

das Rindfleisch, die Butter, die Milch, das Ei, die Wurst, das Joghurt

Übung 5

1) C 2) B 3) D 4) A 5) E

B.

Übung 1

1) mehr 2) am liebsten 3) besser 4) lieber 5) mehr 6) besser, am besten

Übung 2

1) möchten, möchte, möchte, möchten, möchte

2) mag 3) magst 4) möchten

C.

Dialog 1

Übung 1

1) a 2) Ein Kilo Bananen, ein Kilo Tomaten 3) Nein. 4) Ein Kilo 5) 14,10 Euro.

Übung 2

Käse, kosten, Gramm, Sonst, Flasche, macht, zurück

Dialog 2

Übung 1

1) b 2) a 3) d

Übung 2

a

Übung 3

1) Wochenende, Mittags, Kuchen, koche, mögen

2) gleichfalls, Schmeckt's, Möchtet, satt

D.

1. 1)
2. 2)
3. 3)
4. 1) besser 2) lieber 3) Am liebsten 4) mehr
5. 3)
6. Verkäufer: Was darf es sein?
   Kunde: Ich hätte gern 300g Hackfleisch.
   Verkäufer: Darf es etwas mehr sein?
   Kunde: Ja, kein Problem. Wie viel kostet das?
   Verkäufer: 6,50 Euro.
7. 1) Richtig 2) Falsch 3) Falsch
8. 1) a 2) c 3) c 4) a

Lektion 9

A.

Übung 1

kochen, schneiden, braten, würzen

Übung 2

Dialog A	Dialog B
_3_ A:Und möchten Sie etwas essen?	_6_ A:Und für Sie?
_5_ A:Gern, danke.	_5_ B:Ja, für mich bitte Pizza Funghi.
_1_ A:Was möchten Sie trinken?	_7_ C: Für mich nichts, danke.
_4_ B:Ja, ich hätte gern eine Zwiebelsuppe und einen Salat.	_4_ A:Möchten Sie auch etwas essen?
_2_ B:Ich nehme eine Limonade.	_2_ B:Ich hätte gern einen Kaffee.
	_1_ A:Hallo. Was möchten Sie?
	_3_ C:Und für mich eine Cola, bitte.

B.

Übung 1

1) d 2) c 3) a 4) b

Übung 2

1) isst 2) isst 3) Isst 4) Esst 5) isst

Übung 3

1) schmeckt 2) gefällt 3) passt, steht 4) gehört

Übung 4

1격 Nom.	ich	du	er	sie	es	wir	ihr	sie/Sie
4격 Akk.	mich	dich	ihn	sie	es	uns	euch	sie/Sie

Übung 5

1) d 2) f 3) a 4) b 5) c 6) e

C.

Dialog 1

Übung 1

1) b 2) a 3) b

Übung 2

b

Dialog 2

Übung 1

1) b 2) a 3) a 4) d

Übung 2

b

D.

1. 4)
2. 1) a 2) b 3) b
3. 1) Isst du nicht gern italienisch? Doch.
   2) Kommt er aus Hamburg? Nein.
   3) Hat er keine Arbeit? Doch.
   4) Hast du heute Zeit? Nein.
4. 1) schmeckt 2) Gehört 3) gefällt, steht
5.

Kellner	Gast 1
• Guten Tag, was darf es sein? • Bratwurst oder Currywurst? • Die Pommes mit Ketchup oder Majo? • Und zu trinken?	• Pommes, bitte, und eine Wurst. • Eine Bratwurst bitte! Mit Senf. • Mit Ketchup bitte. • Ein Bier bitte.

Lektion 10

A1.

Übung 1

2) hören: das Ohr

3) sprechen: der Mund, die Lippe

4) laufen: der Bein, der Fuß, das Knie

5) denken: der Kopf

6) essen: der Mund, der Zahn

7) schreiben: die Hand, der Finger

8) riechen: die Nase

Übung 2

1) Augen 2) Hals 3) Arme, Finger 4) Füße 5) Kopf 6) Beine 7) Bauch

A2.

Übung 1

1) P 2) A 3) A 4) P 5) A 6) A 7) A 8) P

Übung 2

1) die Tablette 2) den Hustensaft 3) das Nasenspray

B.

Übung 1

1) Hab 2) Sei 3) Warten 4) Sprich 5) fahr

Übung 2

1) dürfen 2) können 3) Kannst

Übung 3

1) muss 2) Soll 3) sollst

Übung 4

1) Seien 2) Nimm 3) Steh ... auf

C.

Dialog 1

Übung 1

2)

Übung 2

1) a 2) c 3) b

Übung 3

2)

Dialog 2

Übung 1

1) Sie hat starke Halsschmerzen.
2) Ahh
3) Sie muss ein paar Tage im Bett bleiben und viel Tee und Mineralwasser trinken.
4) Ja, am Montag.

Übung 2

3)

Übung 3

1) Magenschmerzen, krank, darf 2) läuft, weh, verschreibt, muss

Übung 4

1) Versichertenkarte 2) Rezept 3) Krankmeldung

D.

1. 1) b 2) c 3) a 4) b
2. viel reden, keinen Sport machen, Kamillentee trinken
3. 1) geh 2) Iss 3) bleib 4) Nimm
4. 1) Dann schlaf doch ein bisschen.
   2) Dann iss doch Fisch.
   3) Dann geh doch spazieren.
   4) Dann koch doch viel Gemüse.

5. müssen, müssen, soll, Musst, soll

6. 1) Dann kauf doch eine Brille.
   2) Dann arbeite doch weniger.
   3) Dann mach doch Yoga.
   5) Dann nimm doch eine Aspirin
   6) Dann iss doch weniger.

7.

	Frau Meier	Sumi	Lea und Leo
Nehmen Sie Platz.	√		
Kommt bitte schnell.			√
Pass auf dich auf.		√	
Esst doch noch etwas.			√
Nehmen Sie doch noch ein Stück.	√		

Lektion 11

A1.

1) Bäckerei 2) Post 3) Café 4) Kino 5) Apotheke 6) Bahnhof 7) Reisebüro 8) Supermarkt 9) Blumengeschäft 10) Bank 11) Metzgerei 12) Park

A2.

Name	wohnt	arbeitet	braucht	fährt mit
Pia	in Bad Homburg	bei Rewe	20 Minuten	mit der U-Bahn
Klaus	in Viernheim	in Mannheim	30 Minuten	mit dem Auto
Chris	in Volksdorf	bei Ikea	eine Viertelstunde	mit der Straßenbahn

Übung 1

1) b 2) a 3) e 4) c 5) d

Übung 2

1) b 2) a 3) b 4) a

Übung 3

1) zu, mit 2) bei 3) von 4) mit

Übung 4

1) die Kirche 2) Parkstraße, Brunnen, über, rechten

Übung 5

1) Gehen Sie hier links in die Bismarckstraße. Auf der linken Seite ist das Krankenhaus.
2) Gehen Sie hier links die Bismarckstraße entlang und gehen Sie dann über die Friedrichstraße. Das Schwimmbad ist auf der rechten Seite.
3) Gehen Sie rechts bis zur Parkstraße und auf der rechten Seite ist die Bank.

B.

Übung 1

2) nach Deutschland 3) an den Strand 4) ins Konzert 5) in die Metzgerei 6) auf die Insel

Übung 2

1) gegen 2) bei 3) zum 4) um 5) entlang 6) von

Übung 3

1) ins 2) zum 3) zum 4) zur 5) an der ... vorbei

C.

Dialog 1

Übung 1

1) Am Marktplatz 2) In der Schillerstraße

Übung 2

1)

Dialog 2

Übung 1

1) Zum Hauptbahnhof 2) Nein, sie kann zu Fuß gehen.

Übung 2

1) an der 2) an der 3) bis zum 4) bis zur 5) durch das, an der

D.

1. 1) Wo? 2) Wo? 3) Wohin? 4) Wohin? 5) Wohin? 6) Wo?
2. 1) die, den, ans, der, die 2) im, die
3. 3)
4. 2) ins 3) auf diesen 4) an die 5) an den
5. 1) 15 Uhr 16 2) München Hbf 3) zwei 4) 46 Minuten 5) Um 16:02

Lektion 12

A.

Übung 1

- ein Picknick machen
- die Altstadt besichtigen
- eine Städtereise machen
- in der Nordsee baden
- eine Radtour planen
- in den Bergen wandern
- Foto machen
- am Meers zelten
- ein Schloss besichtigen
- einen Reiseführer kaufen

Übung 2

1) machen 2) probieren 3) besuchen 4) spazieren gehen 5) einkaufen 6) besichtigen

Übung 3

A: die Stadt besichtigt, in die Alpen B: auf der Insel C: an der Ostsee

B.

Übung 1

1) Ich kann kein neues Auto kaufen, weil ich nicht genug Geld habe.
2) Eva geht zur Bank, weil sie Geld abheben will.

3) Paula ist glücklich, weil sie sich verliebt hat.

Übung 2

2) Ich mag das Museum, denn Kunst gefällt mir.

3) Wir essen sehr viel, denn es gibt viele gute Reataurants.

4) Abends sind wir müde, denn wir haben viel gesehen und gemacht.

Übung 3

sitzen (h)	fahren (s)	besuchen (h)	werden (s)	machen (h)
umziehen (s)	gefallen (h)	sich verletzen(h)	baden (h)	liegen (h)

1) hat ... gesessen

2) sind ... gefahren

3) haben ... besucht

4) bin ... geworden

5) haben ... gemacht, gebadet, gelegen

6) ist ... umgezogen

7) hat ... gefallen

8) hat ... verletzt

Übung 4

1) war 2) hat ... gewohnt 3) haben geschwommen 4) hatten

5) sind ... essen gegangen 6) war

C.

Dialog 1

Übung 1

1) b 2) a 3) d 4) d

Übung 2

2)

Übung 3

1) Meine Eltern sind letztes Jahr mit dem Auto nach Bremen gefahren und dort eine Woche geblieben.

2) Peter hat heute eingekauft und für das Abendessen gekocht.

3) Ich bin gestern in die Stadt gegangen. Dort habe ich meine Freundin getroffen.

Dialog 2

Übung 1

1) Nach Berlin 2) Nein 3) 54 Euro 4) Vom Gleis zwei

Übung 2

2)

D.

2. 1) • besuchen: Wir haben besucht.
   • machen: Wir haben gemacht.
   • fahren: Wir sind gefahren.
   • baden: Wir haben gebadet.
   • essen: Wir haben gegessen.

   2) besucht, gemacht, gefahren, gebadet, gegessen

3. habe ... geschrieben, sind ... gefahren, sind ... geblieben, haben ... besichtigt, sind gefahren, ist ... passiert, ist ... gefallen, hat ... geholfen, haben ... gearbeitet

4. 1) 3. Mai 2) Einzelzimmer 3) 78 4) Zug

5. 1) habe ... gewohnt 2) hat ... gelebt 3) haben ... besucht
   4) haben ... gemacht, gebadet 5) haben ... gekauft 6) haben ... gebraten
   7) habe ... angefangen 8) habe ... besucht

Lektion 13

A.

단수	복수	상의	하의	기타
die Hose	die Hosen		√	
das Kleid	die Kleider	√	√	
das Hemd	die Hemden	√		
der Anzug	die Anzüge	√	√	
die Jeans	die Jeans		√	
die Jacke	die Jacken	√		
der Mantel	die Mäntel	√	√	
die Mütze	die Mützen			√
der Schuh	die Schuhe			√
der Schal	die Schale/Schals			√
die Weste	die Westen	√		
der Gürtel	die Gürtel			√
der Anorak	die Anoraks	√		
die Socke	die Socken			√
der Pullover	die Pullover	√		
das T-Shirt	die T-Shirts	√		
der Handschuh	die Handschuhe			√
der Rock	die Röcke		√	
der Stiefel	die Stiefel			√
das Top	die Tops	√		
die Bluse	die Blusen	√		

Übung 1

2) Röcke finden Sie im zweiten Stock.

3) Mädchenbekleidung finden Sie im dritten Stock.

4) Kleider finden Sie im zweiten Stock.

5) Kinderschuhe finden Sie im dritten Stock.

Übung 2

1) e   2) c   3) d   4) a   5) b

B.

Übung 1   -es, -e, -en, -e, -es, -en

Übung 2

2) Jeans - alt: Ist die Jeans alt? Nein, das ist eine neue Jeans.

3) Ist das Kleid bequem? Nein, das ist ein unbequemes Kleid

4) Ist die Bluse schmutzig? Nein, das ist eine saubere Bluse.

5) Ist der Pullover teuer? Nein, das ist ein billiger Pullover.

Übung 3

-e, -e, -e, -e, -e, -e

Übung 4

1) ihm 2) ihr 3) ihnen

C.

Dialog 1

Übung 1

1) c 2) a 3) b

Übung 2

2)

Verkäuferin		Kundin	
(7)	An der Kasse. Dort rechts, neben der Rolltreppe.	(8)	Danke, auf Wiedersehen.
(5)	39 Euro 90.	(4)	Er passt sehr gut. Er gefällt mir. Wie viel kostet er?
(3)	Natürlich, da vorne sind die Umkleidekabinen.	(6)	Oh, das ist günstig. Dann nehme ich ihn. Wo kann ich bezahlen?
(1)	Kann ich Ihnen helfen?	(2)	Ja, kann ich den Rock mal anprobieren?

Dialog 2

Übung 1

1) d 2) b 3) a

Übung 2

4)

D.

1. 1) d 2) c 3) d
2. 2)
3. Im Frühling trage ich einen Pullover.
   Im Sommer trage ich eine Sonnenbrille.
   Im Herbst trage ich einen Regenmantel.
4. 1) heiß 2) nass 3) bewölkt 4) sonnig 5) windig 6) kalt
5. 1) Leider passen sie mir nicht.
   2) Ich kann dir ein Geschäft empfehlen.
   3) Aber ich finde ihn nicht so gut.
   4) Morgen gehe ich mit dir einkaufen.
6. 제안 (여러 가능성이 있음)
   2) eine kurze Hose und ein T-Shirt
   3) einen Trainingsanzug
   4) ein T-Shirt und eine Jeans
   5) ein Kleid
7.

	Peter	Laura	Elsa	Elke
Das suchen sie:	Schuhe		Kleid	Gürtel
Das kaufen sie:	Schal	Duschgel		Tassen

주요 불규칙 동사 변화표

동사	과거형	과거분사형	동사	과거형	과거분사형
backen	backte	hat gebacken	liegen	lag	hat/ist gelegen
befehlen	befahl	hat befohlen	müssen	musste	hat gemusst
beginnen	begann	hat begonnen	nehmen	nahm	hat genommen
bieten	bot	hat geboten	rufen	rief	hat gerufen
bitten	bat	hat gebeten	schlafen	schlief	hat geschlafen
bleiben	blieb	ist geblieben	schlagen	schlug	hat geschlagen
brechen	brach	hat gebrochen	schreiben	schrieb	hat geschrieben
bringen	brachte	hat gebracht	schwimmen	schwamm	hat/ist geschwommen
denken	dachte	hat gedacht	sehen	sah	hat gesehen
dürfen	durfte	hat gedurft	sein	war	ist gewesen
empfehlen	empfahl	hat empfohlen	singen	sang	hat gesungen
essen	aß	hat gegessen	sitzen	saß	hat/ist gesessen
fahren	fuhr	ist gefahren	sprechen	sprach	hat gesprochen
fallen	fiel	ist gefallen	springen	sprang	ist gesprungen
fangen	fing	hat gefangen	stehen	stand	hat/ist gestanden
finden	fand	hat gefunden	stehlen	stahl	hat gestohlen
fliegen	flog	ist geflogen	steigen	stieg	ist gestiegen
fliehen	floh	ist geflohen	streiten	stritt	hat gestritten
fließen	floss	ist geflossen	tragen	trug	hat getragen
geben	gab	hat gegeben	treffen	traf	hat getroffen
gehen	ging	ist gegangen	treten	trat	hat/ist getreten
gelingen	gelang	ist gelungen	trinken	trank	hat getrunken
gewinnen	gewann	hat gewonnen	tun	tat	hat getan
haben	hatte	hat gehabt	vergessen	vergaß	hat vergessen
halten	hielt	hat gehalten	verlieren	verlor	hat verloren
hängen	hing	hat gehangen	wachsen	wuchs	ist gewachsen
helfen	half	hat geholfen	waschen	wusch	hat gewaschen
kommen	kam	ist gekommen	werden	wurde	ist geworden
können	konnte	hat gekonnt	werfen	warf	hat geworfen
lassen	ließ	hat gelassen	wissen	wusste	hat gewusst
laufen	lief	ist gelaufen	wollen	wollte	hat gewollt
lesen	las	hat gelesen	ziehen	zog	hat gezogen

어휘색인

단어	품사/명사의 성	뜻
	A	
abbiegen	동	방향을 바꾸다
Abendessen	das	저녁식사
abends	부	저녁에, 밤에
aber	접	그러나
abfahren	동	출발하다
abheben	동	들어 올리다
abholen	동	가져오다, 마중나가다
abnehmen	동	떠맡다, 줄다
abreisen	동	여행을 떠나다
abschmecken	동	맛을 보다
acht	수	여덟, 8
achtzehn	수	열여덟, 18
achtzig	수	팔십, 80
Adresse	die	주소
Ahnung	die	예감, 예견
Aktivität	die	활동
allein	형	홀로, 단독으로
Allergie	die	알레르기
Alpen	pl.	알프스
Alphabet	das	철자, 알파벳
als	접	~으로서, ~했을때
alt	형	오래된, 늙은
altmodisch	형	유행에 뒤떨어진
Altstadt	die	구도시
Ampel	die	신호등
anfangen	동	시작하다
Angestellter	der	사원, 종업원
angreifen	동	공격하다
Angst	die	두려움, 걱정
ankommen	동	도착하다
Ankunftszeit	die	도착 시간
anmelden sich/etwas	동	신청하다, 등록하다
anreisen	동	여행하다
anrufen	동	전화를 걸다
Antibiotika	das	항생제
anziehen sich/etwas	동	입다, 신다
Anzug	der	옷, 양복

단어	품사/명사의 성	뜻
Apfel	der	사과
Arbeit	die	일, 작업
arbeiten	동	일하다
ärgern sich/jn.	동	화내다
Arm	der	팔
Arzt/Ärztin	der	의사/여의사
auf	전	~위에
aufpassen	동	주의하다, 조심하다
aufräumen	동	정리하다, 치우다
aufstehen	동	일어서다, 알어나다
aufwachen	동	깨어나다
Auge	das	눈
Augenblick	der	순간, 찰나
aus	전	~에서, ~로부터
Ausbildung	die	교육, 수련
Ausflug	der	소풍
ausfüllen	동	채우다, 작성하다
ausgehen	동	외출하다
ausgezeichnet	분사	뛰어난
ausruhen sich	동	쉬다, 휴식하다
aussehen	동	~처럼 보이다, ~같이 생기다
Aussprache	die	발음
aussteigen	동	내리다
Ausweis	der	신분 증명서, 증거문서
auswerten	동	평가하다
Auto	das	자동차
Autobahn	die	고속도로
automatisch	형	자동적으로, 저절로
Automechaniker	der	자동차 정비공(기술자)
	B	
Baby	das	아기
backen	동	굽다
Bäcker	der	제빵사
Bäckerei	die	제과점
Bad	das	욕실, 목욕
baden	동	목욕하다
Ball	der	공, 볼
Banane	die	바나나
Bank	die	은행

단어	품사/명사의 성	뜻
Bauch	der	배
Bauer	der	농부
Baum	der	나무
Beamter	der	공무원
bedanken sich	동	감사의 뜻을 표하다
beeilen sich	동	서두르다
Befehl	der	명령
beliebt	형	인기있는, 호평받는
bemühen sich	동	노력하다
bequem	형	편안한, 쾌적한
Berg	der	산
Beruf	der	직업
beruflich	형	직업상의, 업무상의
beruhigen	동	진정시키다
beschweren sich	동	불평하다
besetzt	형	자리가 다 찬
besichtigten	동	구경하다
besonders	부	특히
besser	형	더 좋은, 보다 나은
bestehen	동	지속하다, 견디다
bestellen	동	주문하다
besuchen	동	방문하다
Bett	das	침대
Beutel	der	작은 주머니
bewegen sich	동	움지이다, 운동하다
Bewerbung	die	지원, 지원서
bewölkt	부	구름이 낀
bezahlen	동	지불하다, 계산하다
Bier	das	맥주
bieten	동	제공하다, 제안하다
Bild	das	그림, 모습
billig	형	값이 싼
Bitte	die	부탁, 제발
bitter	형	맛이 쓴, 혹독한
Blau	형	푸른
bleiben	동	머무르다, 남아 있다
Bleistift	der	연필
Blick	der	눈길, 시선
Blume	die	꽃
Bluse	die	블라우스
Blut	das	피, 혈액
Bratwurst	die	구운 소시지
brauchen	동	필요하다
braun	형	갈색의
Brezel	die	브레첼 비스킷
Brief	der	편지
Briefmarken	die	우표
Brille	die	안경
bringen	동	가져오다
Brot	das	빵
Brötchen	das	(아침식사용) 빵, 브뢰첸
Brücke	die	다리
Bruder	der	형제
Buch	das	책
buchen	동	예약하다
Bücherregal	das	책꽂이, 서가
Buchhandlung	die	서점
buchstabieren	동	철자를 말하다
bummeln	동	산보하다
bunt	형	알록달록한
Büro	das	사무실
Bus	der	버스
Butter	die	버터
C		
Café	das	커피숍, 카페
Cent	der	센트
Chef	der	(가게)주인, 지배인
Computer	der	컴퓨터
Cousin	der	사촌자매
D		
da	부	거기, 그때에, ~때문에
danach	부	그 후에, 그 다음에
danke	동	감사해 하다
dann	부	그리고 나서
darunter	부	그 밑에, 그중에
Datum	das	날짜
denken	동	생각하다
denn	전	왜냐하면
der, die, das		(정관사) 그~
deutsch	형	독일의 독일어의
Deutschland	das	독일
deutschsprachig	형	독일어를 사용하는 지역의
Dialog	der	대화
dick	형	두꺼운, 뚱뚱한
Dienstag	der	화요일
Ding	das	사물, 일, 사정
direkt	형	직접적인
diskutieren	동	토론하다
Doktor	der	박사

단어	품사/명사의 성	뜻
Donnerstag	der	목요일
Doppelzimmer	das	2인용 침대 방
dort	부	그곳에서, 저기에
Dose	die	깡통, 캔
draußen	부	밖에서
drei	수	삼, 3
dreihundert	수	삼백, 300
dreißig	수	삼십, 30
dreizehn	수	십삼, 13
Druck	der	압박, 부담(감)
dunkel	형	어두운
dünn	형	얇은, 마른
durch	전	~을 통하여, ~으로
dürfen	동	~해도 좋다, ~할 수 있다
Dusche	die	샤워
E		
Ecke	die	구석
eckig	형	각진, 모난
Ei	명	계란
eigentlich	형	원래, 실제로
einfach	형	단순한,간단한
einkaufen	동	구입하다
Einkaufszettel	명	쇼핑목록
einladen	동	초대하다
eins	수	하나, 1
einschlafen	동	잠이 들다
einsteigen	동	올라타다, 승차하다
Einzelzimmer	das	1인용 침대 방
Eis	명	얼음, 아이스크림
elegant	형	우아한
elf	수	십일, 11
Empfehlung	die	추천
empfindlich	형	느끼기 쉬운, 민감한
endlich	형,부	결국, 마침내
Englisch	명	영어
entlang	전	~따라
entscheiden	동	결정하다
entschuldigen	동	용서하다
Entschuldigung	die	실례합니다
Erdgeschoss	명	일층
erkälten sich	동	감기 들다
Erkältung	die	감기
erkundigen sich	동	문의하다
ernähren sich	동	먹고 살다
erreichen	동	도착하다, 도달하다
erwarten	동	기대하다
essen	동	식사하다
Euro	der	유로(EU 화폐)
F		
fahren	동	가다
Fahrkarte	die	승차권
Fahrrad	das	자전거
Familie	die	가족
Familienname	der	(이름의) 성, 씨
Farbe	die	색깔
fast	부	거의, 대략
faul	형	부패한, 게으른
fehlen	동	부족하다, 없다
Fehler	der	오류, 잘못
feiern	동	축하하다, 기념하다
fein	형	정교한, 미세한
Feld	das	경작지, 영역
Fenster	das	창문
Ferien	pl.	휴가, 방학
fernsehen	동	TV를 보다
Fernseher	der	TV
fett	형	살찐, 지방이 많은
Fieber	das	열, 열광
Film	der	영화
finden	동	발견하다
Finger	der	손가락
Fisch	der	물고기, 생선요리
Fitnisstrainer	der	헬스 트레이너
Flasche	die	병
Fleisch	das	고기, 육류
fleißig	형	부지런한
fliegen	동	날다, 비행기로 가다
Flohmarkt	der	벼룩시장
Flur	der	평야, 마루
Forscher	der	연구자
Foto	das	사진
fotografieren	동	사진을 찍다
Frage	die	질문, 논제
Frankreich	das	프랑스
Frau	die	여성, 부인
frei	형	자유로운, 비어있는
Freitag	der	금요일
Freizeit	die	휴식시간, 여가
freuen sich	동	기뻐하다, 반기다
Freund	der	친구

단어	품사/명사의 성	뜻
frisch	형	상쾌한, 신선한
Friseurin	der	미용사
Friseursalon	der	미장원
Frühstück	das	아침식사
fühlen sich/etwas	동	느끼다
für	전	~을 위하여, ~에 대하여
Fuß	der	발
Fußball	der	축구
Fußballspieler	der	축구선수
Fußgängerzone	die	보행자전용구역
G		
gar	부	삶아진
Garten	der	정원
geben	동	주다, 건네다
Geburtstag	der	생일
gefährlich	형	위험한
gefallen	동	누구의 마음에 들다
gegenüber	부	맞은 편에, 직면하여
gehen	동	가다, 떠나다
gehören	동	~누구의 소유이다
gelb	형	노란색의
Geld	das	돈
gelingen	동	성공하다
gelten	동	가치가 있다, 유효하다
gemeinsam	형	공동의
Gemüse	das	야채
genau	형	정확한
gern	부	기꺼이, 쾌히
Geschäft	das	상점, 사업
geschehen	동	일어나다, 벌어지다
Geschenk	das	선물
Geschichte	die	역사, 이야기
Geschwister	das	형제, 자매
Gesicht	das	얼굴
gestern	형	어제
gesund	형	건강한
Getränke	das	음료, 마실 것
Gewürz	das	양념, 향료
Gibs	der	깁스
Gitarre	die	기타
Glas	das	유리, 유리컵
glücklich	형	행복한, 운좋은
Glückwunsch	der	축하, 축사
Grad	der	정도, (온도의) 도
Gramm	das	그램
Grammatik	die	문법
grau	형	회색의
greifen	동	잡다, 쥐다
grillen	동	석쇠로 굽다
Grippe	die	유행성 감기, 독감
grob	형	거친, 굵은
groß	형	큰, 높은
Größe	die	크기, 치수
Großeltern	pl.	조부모
Großvater	der	할아버지
grün	형	녹색의
Grund	der	토지, 기초, 원인
Gruß	der	인사, 안부
grüßen	동	인사하다
günstig	형	유익한, 값이 적당한
Gurke	die	오이
Gürtel	der	벨트
gut	형	좋은, 우수한
H		
Haar	das	머리카락
haben	동	가지다, 소유하다
hacken	동	땅을 갈다
Hähnchen	das	수평아리, 통닭구이
hallo	감	안녕!, 여보세요!
Hals	der	목, 목덜미
Halsschmerzen	der	인후통
Hand	die	손
Handschuhe	die	장갑
Handy	das	핸드폰
hart	형	단단한, 엄격한
hässlich	형	흉한, 추한
hätten	동	~할 것이다
Hauptbahnhof	der	중앙역
Haus	das	집
Hausarzt	der	주치의
Hausaufgabe	die	숙제
Hausfrau	die	주부
Haushaltsware	die	가재도구
Heft	das	공책
Heimat	die	고향
heiß	형	뜨거운, 격렬한
heißen	동	칭하다, 부르다
helfen	동	도와주다
hell	형	밝은, 맑은
Hemd	das	셔츠

단어	품사/명사의 성	뜻
Herd	der	전기렌지
Herz	das	심장, 가슴
hier	부	여기에, 이곳에
Himmel	der	하늘, 천국
Hitze	die	열기, 흥분
Hobby	das	취미
Hochzeit	die	결혼식
holen	동	가져오다, 얻다
Holz	das	나무, 목재
Hose	die	바지
Hotel	das	호텔
Hotelzimmer	das	호텔방
Hund	der	개
hundert	수	백, 100
Hunger	der	배고픔, 기아
husten	동	기침하다
Hut	der	모자
I		
Idee	die	생각, 이념, 아이디어
immer	부	항상, 늘
Information	die	정보
Ingenieur	der	기술자, 엔지니어
Insel	die	섬
Intensivkurs	der	속성과정
interessant	형	흥미있는, 재미있는
Internet	das	인터넷
irren sich	동	잘못 생각하다, 혼동하다
italienisch	형	이탈리아의
J		
ja	부	예, 긍정
Jacke	die	재킷
Jahr	das	일년(12개월)
Jeans	die	블루진, 청바지
jetzt	부	지금, 이 때
joggen	동	조깅하다
Journalist	der	저널리스트, 언론인
Jugendherberg	die	유스호스텔
Juli	der	7월
jung	형	젊은, 어린
K		
Kaffee	der	커피
kalt	형	추운
Kamera	die	카메라
kämmen sich	동	(머리를) 빗다
Karte	die	카드

단어	품사/명사의 성	뜻
Kartoffel	die	감자
Käse	der	치즈
Kasse	die	계산대, 창구
Katze	die	고양이
kaufen	동	사다, 구입하다
Kaufhaus	das	백화점
kein	대	하나도 ~않다
Kennenlernen	동	알게되다
Kilo	das	킬로
Kind	das	어린이, 아이
Kindergarten	der	유치원
Kino	das	영화관, 극장
Kirche	die	교회
Kiste	die	상자
klar	형	명백한, 물론
Klasse	die	교실
Klavier	das	피아노
Kleid	das	옷, 의상
Kleidergeschäft	das	옷가게
Kleidung	die	옷, 의복
Kleidungsstück	das	의류
klein	형	작은
Klimaanlage	die	에어컨, 냉난방 장치
klingeln	동	초인종을 누르다
Knie	das	무릎
Koch	der	요리사
Kochbuch	das	요리책
kochen	동	요리하다
komisch	형	우스운, 익살스러운
kommen	동	오다, 도착하다
König	der	왕
können	동	~할 수 있다
Konzert	das	콘서트, 공연
Kopf	der	머리
Kopfschmerzen	der	두통
Koreaner	der	한국 사람
koreanisch	형	한국의
Körper	der	몸, 신체
Kosmetik	die	화장, 미용
kosten	동	값이 얼마다, (돈이) 들다
krank	형	병든, 앓는
Krankenhaus	das	병원
Krankenkasse	die	의료보험
Krankenpfleger	der	간호사 (남자)
Krankenschwester	die	간호사

단어	품사/명사의 성	뜻
Krankmeldung	die	병가 신청
Krawatte	die	넥타이
Kreuzung	die	교차로, 사거리
Krimi	der	탐정, 추리 영화
Küche	die	부엌
Kuchen	der	케이크
Küchentisch	der	요리대
Kugelschreiber	der	볼펜
Kühlschrank	der	냉장고
Kuli	der	볼펜 Kugelschreiber의 약어
kümmern sich	동	보살피다, 신경쓰다
Kunde	die	여성 고객
Kunst	die	예술, 미술
kurz	형	짧은,
küssen	동	키스하다
L		
Lampe	die	램프, 전등
Land	das	나라, 국가
lang	형	긴, 키가 큰
lange	부	오래, 오랫동안
langsam	형	느린, 천천히
langweilig	형	지루한
lassen	동	허용하다, 하게 하다
laufen	동	달리다, 뛰다
laut	형	소리가 큰, ~에 의하면
Lebensmittel	pl.	식료품
lecker	형	맛있는
Lederjacke	die	가죽재킷
Lederwaren	die	가죽제품
ledig	형	미혼의
Lehrer	der	교사
leicht	형	가벼운, 쉬운
leider	부	유감스럽게도
leise	형	낮은 목소리의, 조용한
Lektion	die	(교과서/교재의) 과
lernen	동	배우다
lesen	동	읽다
Leute	pl.	사람들
Liebe	die	사랑
lieben	동	사랑하다
Linie	die	선, 노선
links	부	왼쪽에
Lippe	die	입술
Liter	das	리터
Löffel	der	숫가락

단어	품사/명사의 성	뜻
Lunge	die	폐, 허파
Lust	die	욕망, 즐거움
M		
machen	동	만들다, 행하다
Magen	der	위
Mai	der	5월
manchmal	부	가끔
Mann	der	남자, 남편
Mantel	der	외투
Margarine	die	마가린
Markt	der	시장, 장터
Marmelade	die	잼
Mathematik	die	수학
Maus	die	쥐
Medikament	das	약, 의약품
Meer	das	바다, 대양
meistens	부	대부분, 흔히
Meister	der	장인, 명인
Metall	das	금속
Metzgerei	die	정육점
mieten	동	빌리다, 임차하다
Milch	die	우유
Milchprodukte	pl.	유제품
Mineralwasser	das	생수
mit	전	함께, 더불어
Mittwoch	der	수요일
Möbel	das	가구
möchten	동	~를 하고 싶다
modern	형	현대의, 유행의
modisch	형	유행하는
Möhre	die	당근
Mond	der	달
Montag	der	월요일
morgens	부	아침에
müde	형	지친, 피로한
Mund	der	입
Museum	das	박물관
Musik	die	음악
müssen	동	~ 해야 한다
Mutter	die	어머니
Mütze	die	모자
N		
nach	전	~ 의 다음(뒤)에
Nachmittag	der	오후
Nacht	die	밤, 야간

단어	품사/명사의 성	뜻
Nähe	die	근처, 임박
Name	der	이름
nämlich	부	즉, 요컨대
Nase	die	코
nass	형	젖은, 습기찬
Natur	die	자연
negativ	형	부정적인
nehmen	동	얻다, 먹다, 이용하다
nein	부	아니, 아니오
nett	형	친절한
neu	형	새로운, 요즈음
nicht	부	~ 아니다, ~ 않다
nie	부	결코 ~ 아니다
noch	부	아직도, 여전히
Nudel	die	국수
Nummer	die	숫자, 번호
nutzen	동	이용하다
O		
Obst	das	과일
oder	접	또는, 혹은
oft	부	자주
Ohr	das	귀
Öl	das	기름, 식용유
Oma	die	할머니
Onkel	der	삼촌, 숙부, 아저씨
Opa	der	할아버지
Oper	die	오페라
Orange	die	오렌지
Orangensaft	der	오렌지 주스
ordentlich	형	정리가 잘 된, 질서있는
Orientierung	die	지침, 오리엔테이션
P		
packen	동	포장하다
Packung	die	소포, 짐
Paket	das	소포, 소화물
Party	die	파티
passen	동	꼭 맞다, 어울리다
passieren	동	(일이)발생하다, 일어나다
Patient	der	환자
Pause	die	중간 휴식
Pension	die	정년 퇴직, 연금, 숙박소
Petersilie	die	파슬리
Pfeffer	der	후추
Pfund	das	파운드(500g)
Picknick	das	야유회, 소풍

단어	품사/명사의 성	뜻
planen	동	계획하다, 설계하다
Platz	der	장소, 좌석
Politik	die	정치
Polizei	die	경찰
Polizist	der	경찰관
positiv	형	긍정적인
Post	die	우체국, 우편
praktisch	형	실제적인, 실용적인
Praxis	die	실습, 실무
Preis	der	가격
probieren	동	시험하다, 입어보다
Programm	das	프로그램
Programmierer	der	프로그래머
Prospekt	der	설명서, 안내서
Pullover	der	스웨터
Q		
Quiz	das	퀴즈
R		
Rad	das	바퀴, 자전거
rasieren	동	면도하다
Rathaus	das	시청, 시청청사
rauchen	동	담배를 피우다
rechts	부	오른쪽에(으로)
reden	동	말하다
Regal	das	선반, 책장
Regenmantel	der	우비
Regenschauer	der	소나기
regnen	동	비가 오다
reif	형	익은, 성숙한
Reis	der	쌀
Reisebüro	das	여행사
Reiseführer	der	여행 가이드
reparieren	동	수선하다, 수리하다
reservieren	동	예약하다
Reservierung	die	예약
Restaurant	das	식당, 레스토랑
Rezept	das	요리법, 처방전
richtig	형	바른, 정확한
riechen	동	냄새가 나다
Rolltreppe	die	에스컬레이터
rosa	형	장밋빛의
rot	형	빨간, 붉은
Rotwein	der	적포도주
Rücken	der	등, 배후
ruhig	형	조용한, 평온한

단어	품사/명사의 성	뜻
rund	형	둥근, 대략
S		
Salat	der	샐러드
Salz	das	소금
salzig	형	짠
sammeln	동	모으다, 축적하다
Samstag	der	토요일
satt	형	배부른, 충분한
sauer	형	신맛나는
schade	부	유감스러운
schädlich	형	손해가 되는, 유해한
Schal	der	숄
schälen	동	껍질을 벗기다
Schalter	der	창구, 스위치
scharf	형	날카로운, 매운
Schauspieler	der	배우
Scheiben	die	슬라이스
scheinen	동	빛나다, ~인 듯하다
schick	형	세련된, 멋진
schicken	동	보내다
Schiff	das	배, 선박
schlafen	동	자다
Schlafzimmer	das	침실
schlank	형	날씬한, 가늘고 긴
schlecht	형	나쁜, 좋지 않은
Schloss	das	성, 대궐
Schlüssel	der	열쇠
schmecken	동	~한 맛이 나다
Schmerz	der	통증, 고통
Schmuck	der	장식, 보석류
schmutzig	형	더러운
schneiden	동	자르다, 썰다
schneien	동	눈이 오다
schnell	형	빠른, 신속한
Schnitzel	das	커틀릿
Schokolade	die	초콜릿
schön	형	아름다운, 좋은
Schrank	der	옷장, 찬장,
schreiben	동	쓰다, 기록하다
Schreibtisch	der	책상
Schreibwaren	pl.	필기구
Schuhgröße	die	구두 사이즈
Schuh	der	구두, 신발
Schuhgeschäft	das	구두가게
Schule	die	학교
Schüler	der	학생
schwach	형	약한, 희미한
schwarz	형	검은, 어두운
Schweinefleisch	das	돼지 고기
Schweiz	die	스위스
schwer	형	무거운, 어려운
Schwester	die	자매, 누이
schwierig	형	어려운, 힘든
Schwimmbad	das	수영장
schwimmen	동	수영하다
See	der	바다(die), 호수
segeln	동	항해하다
sehen	동	보다, 구경하다
Sehenswürdigkeit	die	구경거리, 명소
sehr	부	매우, 대단히
sein	동	있다, 존재하다
Seite	die	면, 측면
selten	부	드문, 희귀한
singen	동	노래하다
Ski	der	스키
Skifahren	das	스키타기
so	부	그렇게, 그래서
Socke	die	양말
Sofa	das	소파, 긴 의자
Sohn	der	아들
sollen	동	~해야한다, ~라고한다
Sommer	der	여름
Sonderangebot	das	특가 판매
Sonne	die	태양
Sonnenbrille	die	선글라스
sonnig	형	해가 나는, 화창한
Spanien	das	스페인
spannend	형	흥미진진한
Sparangebot	das	(상품) 세일
Spaß	der	즐거움, 농담
später	부	나중에, 후에
spazieren gehen	동	산책하다
Spaziergang	der	산책
Spezialität	die	특별히 잘하는 음식
Spiegel	der	거울
spielen	동	놀다
Sport	der	스포츠
sportlich	형	스포츠의
sprechen	동	말하다, 이야기하다
springen	동	뛰어오르다

단어	품사/ 명사의 성	뜻
Staat	der	국가
Stadt	die	도시
Städtereise	die	시티 투어
Stadtrundfahrt	die	시내 관광
Stadtrundgang	der	시내를 둘러봄
stattfinden	동	일어나다, 발생하다
stehlen	동	훔치다
stellen	동	세우다, 배치하다
Stiefel	der	장화
stimmen	동	일치하다, 투표하다
Strand	der	바닷가, 해변
Straßenbahn	die	전철
streiten	동	싸우다, 논쟁하다
Student	der	대학생
studieren	동	(대학에서) 공부하다
Stuhl	der	의자
Stunde	명	시간
suchen	동	찾다, 구하다
super	형	최고의, 멋진
Suppe	die	수프
surfen	동	윈드 서핑을 하다
süß	형	달콤한, 귀여운
T		
Tafel	die	칠판, 목록
Tag	der	하루, 낮, 날
Tagebuch	das	일기
tagsüber	부	낮에, 주간에
Tante	die	숙모, 아주머니
tanzen	동	춤을 추다
Tasche	die	가방, 주머니
tausend	수	천, 1,000
Taxi	das	택시
Taxifahrer	der	택시 기사
Tee	der	차
telefonieren	동	전화를 걸다
telefonisch	형	전화로
Telefon	das	전화
Teller	der	접시
Tennis	das	테니스
Termin	der	기한, 예정일
Terrasse	die	테라스
teuer	형	값비싼
Theater	das	극장
Tipp	der	힌트, 조언
Tisch	der	책상

단어	품사/ 명사의 성	뜻
Tochter	die	딸
Toilette	die	화장실
toll	형	멋진, 훌륭한
Tomate	die	토마토
Top	der	민소매 셔츠
Topf	der	냄비
Tourist	der	여행객
tragen	동	나르다, 지니고 있다
Traumberuf	der	희망 직업
Trend	der	경향, 추세
trennen	동	나누다, 이별하다
trinken	동	마시다
trocken	형	건조한
tun	동	행하다, 행동하다
Tür	die	문, 입구
Turnschuhe	die	운동화
U		
U-Bahn	die	지하철
über	전	~위에, ~에 대해서
übernachten	동	묵다, 숙박하다
Uhr	die	시계, 시
um	전	~시에, ~의 주위를
Umkleidekabine	die	피팅룸
umsteigen	동	환승하다
umweltfreundlich	형	친환경적인
umziehen	동	이사하다, 옷을 갈아 입다
Unfall	der	사고, 재해
Universität	die	(종합) 대학교
Untergeschoss	das	지하층
unterhalten sich	동	담소를 나누다
unterrichten	동	가르치다, 강의하다
untersuchen	동	조사하다, 연구하다
Urlaub	der	휴가
V		
Vase	die	꽃병, 병
Vater	der	아버지
verabreden sich	동	약속하다, 협약하다
Verabredung	die	약속, 협정
verabschieden sich	동	작별하다, 하직하다
verändern	동	바꾸다, 변경하다
verdienen	동	돈을 벌다
vergessen	동	잊다
verheiratet	형	결혼한, 기혼인
Verkäuferin	die	(여)판매인

단어	품사/ 명사의 성	뜻
verletzen	동	상처를 입히다
verstehen	동	이해하다
versuchen	동	시도하다
viel	형	많은, 다수의
von	전	~로부터, ~에서, ~의
vorbei	부	지나서, 끝나서
vorkommen	동	일어나다, 나타나다
Vormittag	der	오전
Vorname	der	(성 앞의) 이름
vorne	부	앞에, 앞으로
vorsichtig	형	조심스러운, 신중한
vorstellen sich/jn.	동	생각하다, 상상하다
W		
wachsen	동	씻다
Wagen	der	차량
wählen	동	선택하다, 투표하다
wahrscheinlich	형	아마도, 그럴듯한
Wald	der	숲
Wand	die	벽
wandern	동	도보 여행하다, 이주하다
warm	형	따뜻한, 인정 많은
Wartezimmer	das	대합실, 대기실
warum	대	왜, 어째서
was	대	무엇, 무엇이
waschen (sich)	동	빨래하다
Waschmaschine	die	세탁기
Wasser	das	물
wechselhaft	형	변하기 쉬운
wechseln	동	바꾸다, 교대하다
Wecker	der	알람 시계
Weg	der	길, 도로
Wegbeschreibung	die	오시는 길, 약도
weh	형	아픈, 슬픈
wehen	동	바람이 불다
Weihnachten	pl.	성탄절
weil	접	~때문에
Wein	der	와인
Weintraube	die	포도송이
weiß	형	흰, 백색의
Weißwein	der	백포도주
weit	형	넓은, 먼
wenig	형	적은, 약간의
wer,wessen,wem, wen	대	누구, 누구의, 누구에게, 누구를
Werkstatt	die	작업장, 공장
Weste	die	조끼
Wetter	das	날씨, 기상
Wettervorhersage	die	일기예보
wie	부	어떻게
Wiedersehen	das	(작별 인사) 안녕
Wind	der	바람
windig	형	바람이 부는
wirklich	형	정말로, 실제로
Wissenschaftler	der	학자, 과학자
wo,woher,wohin	부	어디, 어디서, 어디로
Woche	die	일주일, 주, 주간
Wochenende	das	주말
wohnen	동	살다, 거주하다
Wohnort	der	거주지
Wohnung	die	집, 주택
Wohnzimmer	das	거실
wolkenlos	형	구름이 없는
Wörterbuch	das	사전
wundern sich	동	놀라다
wunderschön	형	아주 아름다운
wünschen	동	원하다, 기원하다
Wurst	der	주사위
Y		
Yoga	der	요가
Z		
Zahn	der	치아
Zahnarzt	der	치과의사
Zahnschmerz	der	치통
zeigen	동	알리다, 보여주다
Zeitschrift	die	잡지
Zeitung	die	신문
zelten	동	텐트에서 지내다
Zentrum	das	중앙, 센터
Ziel	das	목표
ziemlich	부	상당히, 꽤
Zimmer	das	방
zu	전	~에게, ~쪽으로
Zucker	der	설탕
zuerst	부	최초에, 맨 먼저
Zug	der	기차
zuletzt	부	마지막으로, 최후에
zurückfahren	동	돌아오다
Zutat	die	양념, 첨가물
Zwiebel	die	양파
zwischen	전	사이에, 중간에